Coordenação editorial
Cristiane Rayes e Rejane Villas Boas Tavares Corrêa

"APANHEI E NÃO MORRI"

© LITERARE BOOKS INTERNATIONAL LTDA, 2023.
Todos os direitos desta edição são reservados à Literare Books International Ltda.

PRESIDENTE
Mauricio Sita

VICE-PRESIDENTE
Alessandra Ksenhuck

DIRETORA EXECUTIVA
Julyana Rosa

DIRETORA COMERCIAL
Claudia Pires

DIRETORA DE PROJETOS
Gleide Santos

CONSULTORA DE PROJETOS
Amanda Dias

EDITOR
Enrico Giglio de Oliveira

EDITOR JÚNIOR
Luis Gustavo da Silva Barboza

REVISORES
Ivani Rezende e Sérgio Ricardo Nascimento

ASSISTENTE EDITORIAL
Felipe de Camargo Benedito

CAPA E DESIGN EDITORIAL
Lucas Yamauchi

IMPRESSÃO
Gráfica Paym

Dados Internacionais de Catalogação na Publicação (CIP)
(eDOC BRASIL, Belo Horizonte/MG)

A639 Apanhei e não morri: frases da Infância que ainda ecoam na vida adulta / Coordenadoras Cristiane Rayes, Rejane Villas Boas. – São Paulo, SP: Literare Books International, 2024.
216 p. : 14 x 21 cm

Inclui bibliografia
ISBN 978-65-5922-723-5

1. Infância – Máximas, citações etc. 2. Máximas brasileiras. I. Rayes, Cristiane. II. Villas Boas, Rejane.

CDD 306.8743

Elaborado por Maurício Amormino Júnior – CRB6/2422

LITERARE BOOKS INTERNATIONAL LTDA.
Rua Alameda dos Guatás, 102
Vila da Saúde — São Paulo, SP. CEP 04053-040 | +55 11 2659-0968
www.literarebooks.com.br | contato@literarebooks.com.br

Os conteúdos aqui publicados são da inteira responsabilidade de seus autores. A Literare Books International não se responsabiliza por esses conteúdos nem por ações que advenham dos mesmos. As opiniões emitidas pelos autores são de sua total responsabilidade e não representam a opinião da Literare Books International, de seus gestores ou dos coordenadores editoriais da obra.

MISTO
Papel produzido a partir de fontes responsáveis
FSC® C133282

SUMÁRIO

7   PREFÁCIO
    Cristiane Rayes e Rejane Villas Boas Tavares Corrêa

9   INTRODUÇÃO
    Cristiane Rayes e Rejane Villas Boas Tavares Corrêa

13 ELE É "CAFÉ COM LEITE"
    Cristiane Rayes

21 ENTRE SER FELIZ E TER RAZÃO, ESCOLHA SER FELIZ
    Rejane Villas Boas Tavares Corrêa

29 OBEDEÇA-ME, QUE SOU SUA MÃE/SEU PAI!
    Alice Reuter

39 QUE FEIO VOCÊ CHORANDO! AS PESSOAS ESTÃO VENDO VOCÊ CHORAR
    Ana Carolina de Carvalho Militão

47 A PORTA DA RUA É A SERVENTIA DA CASA
    Ana Luz Rodrigues

55 QUEM VOCÊ PENSA QUE É?
    Ariane Francatti

63 NÃO RIA MUITO HOJE, PORQUE VOCÊ PODE CHORAR AMANHÃ EM DOBRO
    Beatriz Montenegro

71 VOCÊ É INDEPENDENTE
    Daniele Araujo Ferraro

79 VOCÊ NÃO TEM MOTIVOS PARA CHORAR! A SUA VIDA É MARAVILHOSA! EU FAÇO TUDO POR VOCÊ
    Danielle Rodrigues

89	NUNCA VOU PODER PARAR DE ESTUDAR. SEM ESTUDO, NÃO SOU NINGUÉM	
	Fabiana Nunes Ribas	
97	FIZ ISSO PRO SEU BEM	
	Grace Deckers	
105	É NO GRITO QUE SE GANHA	
	Iara Urbani Peccin	
113	SENTA DIREITO, MENINA!	
	Karina Simurro	
121	NÃO ME INTERESSA O QUE VOCÊ PENSA E QUER. CRIANÇA NÃO TEM QUE QUERER	
	Lília Caldas	
129	MENINAS NÃO PODEM COMER TANTO ASSIM!	
	Lilian Vendrame Fonseca	
135	QUANDO EU MORRER, VOCÊS VÃO DAR VALOR	
	Luciane Wielli	
143	NÃO META A SUA COLHER ONDE NÃO FOI CHAMADA	
	Maira Itaboraí e Sílvia Patrício Casagrande	
151	DORME QUE PASSA!	
	Melina Helena de Araujo Moi	
159	SÓ NÃO ESQUECE A CABEÇA PORQUE ELA TÁ GRUDADA NO PESCOÇO!	
	Mônica Saueia	
167	O QUE OS OUTROS VÃO PENSAR?	
	Paula Raposo Valente	
175	NÃO FALA, PARA NÃO INCOMODAR. SERÁ?	
	Raylla Pereira de Andrade	
185	PRECISO GRITAR PARA VOCÊ ME OUVIR?	
	Renata Oliveira	

193   QUANDO TIVER SUA CASA, VOCÊ FAZ DO SEU JEITO
Talita Cipriani Coelho

201   XIU! ENGOLE ESSE CHORO!
Thelma Nascimento

209   CADÊ A MÃE DESSA CRIANÇA?
Ton Kohler

PREFÁCIO

Durante mais de dois anos de escuta e observação em trabalho de consultório, o desejo de trazer essas reflexões para o mundo só aumentava. A vibração em torno desse tema era tanta que, a cada dia, a lista de frases e crenças só aumentava.

E como tudo é energia, a minha vibração sobre essa entrega encontrou outro coração com as mesmas observações. Eu não a conhecia pessoalmente, mas arrisquei contar sobre meu desejo e convidá-la para embarcar comigo. Generosa e amorosa, ela me disse sim! Então uma linda caminhada começou. Obrigada, Cris, por sua vida somar com a minha!

Foi imensa a gratidão e satisfação em coordenar este livro juntamente com a querida psicóloga Rejane. Nossos caminhos se cruzaram por um grande propósito e, assim, coautoras maravilhosas juntaram-se a nós.

No coração deste livro, reside capítulos com muitas histórias, algumas pessoais, outras não, mas todas escritas com profundidade e interiorização. Repletas de significados, com o intuito de transmitir muitas reflexões e a possibilidade de uma busca de ressignificados e crescimento pessoal.

Algumas frases ouvidas na infância e na adolescência carregam o poder de transcenderem o momento em que são ditas, moldando nossas crenças, comportamentos e autoimagem. Acreditamos que muitos de nós vivenciamos experiências em que frases "aparentemente inofensivas" ecoaram em nossas mentes por anos, influenciando nossas escolhas, perspectivas e atitudes. Algumas palavras nutrem nossa confiança, enquanto outras semeiam inseguranças e autocríticas, nos acompanhando por toda a vida e, por vezes, passando de geração em geração.

Expressões que, para cada pessoa, podem ter significados diferentes, sendo positivas, negativas ou até mesmo indiferentes. Porém, o que vale aqui é a validação da experiência interna de cada ser, enquanto lembramos que nunca é tarde para olhar o que ecoa em nós.

Portanto, convidamos você, leitor, a explorar os capítulos recheados de resiliência, superação e crescimento pessoal, trazendo à tona a importância de cuidar de suas dores e emoções, obtendo clareza sobre como expressões, que muitas vezes repetimos sem ao menos pensar, têm impacto em nós e nos outros.

Desejamos que este livro toque seu coração, assim como tocou os nossos, e que possa encontrar reflexões valiosas que auxiliem você a crescer, se comunicar e se relacionar de forma mais consciente e empática.

Sigamos em frente, com o coração aberto para novas aprendizagens!

Com todo carinho,

Re e Cris

INTRODUÇÃO

A ideia de um livro com este título é realmente trazer reflexões importantes sobre a forma em que a educação desrespeitosa e violenta ainda está presente nos dias de hoje.

Apanhei e não morri: uma frase tão impactante, com tantas releituras e significados. O quanto de dor pode ter por trás de uma crença e o quanto de vida pode-se gerar para quem se dispõe a aprender mais sobre si mesmo e ressignificar sua própria história?

Apanhar e não morrer... Não é sobre sobreviver, não é essa a ideia. A infância é para ser vivida! E, hoje, será que ainda pensamos que estamos sobrevivendo com tantos percalços que temos? Caindo, levantando e sobrevivendo?

E não morrer... O que exatamente significa isso? Será que a ideia de quem lhe batia era a de matar você? Creio que não, mas ouso dizer que algo morreu aí dentro também.

Apanhar e não morrer: se perguntamos aos pais, que acreditam e praticam a educação tradicional, sobre qual seria a verdadeira intenção, creio que nenhum deles fez o que fez com a intenção de matar seus filhos. Acreditam que bater educa para a vida e que isso é realmente um motivo nobre. Porém, muito provavelmente, nunca imaginaram as marcas emocionais que poderiam deixar nos seus filhos.

Sabemos, também, que esses pais vieram, muito provavelmente, de um mesmo tipo de educação, quiçá com mais punições e menos respeito. Dignidade e integridade eram somente olhadas e preservadas em adultos – e quando eram! Muito provavelmente, também, não tinham informação e estudo nenhum sobre educação de filhos e parentalidade. Repetiam padrões e comportamentos das gerações anteriores. Não queremos julgar ninguém sobre o que foi feito, nossa intenção é dar luz a pesquisas cientificas, muitos anos de experiências e relatos dessas pessoas que apanharam, sobreviveram e carregam marcas profundas de dor pelas violências sofridas.

Sabemos que violência não é somente física. Muitas vezes, não deixa marcas no corpo. Ela pode acontecer verbal, emocional, sexual, moral ou espiritualmente. E sempre que acontece, alguém sai marcado com dores para a vida toda. Podemos dizer que quem usa de violência também sofre, porém, muitas vezes, não tem consciência do seu sofrimento, o que faz com que espirre no outro sua dor.

Sim, querido leitor, seguindo a premissa do nosso livro, podemos usar a frase: "A boca fala do que o coração está cheio". Ou seja: machuca quem está machucado, o oprimido se torna um opressor, e por aí vai!

Bater em um adulto é crime, assim como em animais, mas em uma criança é educar. Será mesmo? Querer ensinar algo por meio do sofrimento pode fazer com que o outro evolua? Que repense suas atitudes? Que decida fazer diferente? Mesmo isso sendo um longo debate, provavelmente, iremos chegar a um mesmo consenso: a maioria irá preferir formas mais respeitosas para que reflitam e mudem seus comportamentos. Jane Nelsen já nos questionou sobre isso: "De onde tiramos a ideia de que para uma criança fazer o bem ela precisa, primeiro, se sentir mal?".

Feche seus olhos e se imagine com alguém gritando e violentando você, porém, cheio de boas intenções para tornar você uma pessoa melhor. Observe como se sente e quais sinais seu corpo transmite de que isso é confortável, coerente, respeitoso e produtivo.

Permanecendo ainda de olhos fechados, imagine-se, agora, com alguém, também bem intencionado, porém, sendo respeitoso e educado ao lhe dizer algo extremamente difícil sobre uma coisa que você fez. Observe seu corpo e quais sinais que ele lhe dá. Em quais dessas situações você se sente com mais possibilidade de evolução? Em quais dessas experiências, você sente que sua dignidade e integridade estão sendo preservadas?

Acreditar que somente por meio de punição e violência é que os filhos aprendem é desrespeitoso, inclusive, com a ciência, que nunca parou de estudar pessoas, famílias, situações, doenças físicas e emocionais e nos apresenta inúmeras consequências em diversos aspectos da vida das pessoas. Quanto de dor carregamos em nós, de desrespeito que já sofremos, para achar que o outro merece ser violentado e desrespeitado?

Não é apenas sobre sobreviver à infância. É poder ter um ambiente que proporcione que o ser humano se desenvolva em sua plenitude e magnitude. Não é sobre não matar fisicamente, mas sim sobre morrer em solidão, medo, desamparo, insegurança, incerteza a cada vez que sua integridade é abalada (desrespeitada). É ter seu pilar de autoestima e amor próprio destruído, sua autoconfiança totalmente colocada à prova, sua autoimagem distorcida e, cada vez mais, não ter com quem contar para conseguir se reerguer e se amparar.

Que esses relatos, com as mais variadas frases ouvidas e marcadas nessas vidas, possam ajudar você a refletir sobre a importância de olhar também para a sua própria história pregressa e o que tem feito com aquilo que está construindo e vivendo com as crianças à sua volta. Sem lições de moral, mas, sim, com muito amor e ressignificação, este livro é um presente para você e sua família, mostrando que é possível, sim, viver com plenitude e respeito a partir de um pouco mais de consciência de si, uma pitada de força de vontade e diversas informações para ampliar seu vocabulário e seus recursos sobre como exercer uma educação mais consciente, respeitosa e positiva.

Re e Cris

01

ELE É "CAFÉ COM LEITE"

"Café com leite", forma de ajuda, proteção ou discriminação? Tudo depende do contexto, das interpretações e dos significados. As experiências e as consequências são individuais e variam entre as pessoas. Aqui, você poderá acompanhar duas histórias que mostram os impactos dessa expressão ao longo da vida de cada um. Talvez sinta necessidade de rever o que pode ter influenciado na sua vida, além da reflexão sobre como se comunica com seus filhos e com as pessoas ao nosso redor.

CRISTIANE RAYES

Cristiane Rayes

Mãe dos amados Mariana e Vitor. Psicóloga (CRP 06/40025) clínica e educacional há 30 anos, atuando no atendimento de crianças, adolescentes, adultos e orientação de famílias. Especialista em orientação familiar e processos psicoterapêuticos, terapia cognitivo-comportamental, distúrbios de aprendizagem e mediação de conflitos; terapeuta EMDR. Desenvolvimento de projetos de habilidades socioemocionais e treinamento de professores. Palestrante. Responsável pelo curso de Orientação Familiar. Coordenadora do curso de especialização em Orientação familiar e Educação parental no InTCC Rio. Idealizadora de jogos e materiais terapêuticos: *Prumo das emoções, Coleção feelings, dinâmica e comunicação familiar, Luva 5 AS; Jogo da coragem e confiança* e *Eu sou, eu posso ser...*; *Caixinha da Amizade*. Autora do *Baralho animação, Corujas em ação*, dos livros *Autoestima de A a Z* e *Superando os medos de A a Z*; e do jogo e recurso terapêutico *Mais sobre minha história* pela editora Literare Books International. Coordenadora dos livros *Orientação Familiar I e II*, organizadora, em parceria com a editora Literare Books International, do 1º e 2º Congresso de Orientação Familiar.

Contatos
cristianerayes@gmail.com
Instagram: @crisrayes
11 98573 0444
11 96346 6078
11 5071 1331

Vamos começar contando duas histórias:

História 1

Era uma tarde ensolarada na casa da família Silva, onde os irmãos Pedro, de nove anos, e João, de seis anos, estavam animados para brincar. Pedro, o filho mais velho, empolgado, convidou sua mãe para jogar.

"Vamos jogar, mamãe! Quero mostrar meu novo jogo de tabuleiro para você", disse Pedro.

A mãe sorriu e respondeu: "Claro, meu querido, mas lembre-se de que temos que dar chance ao seu irmãozinho, João, ele é 'café com leite'".

Pedro franziu o rosto, lembrando-se das últimas vezes em que eles jogaram juntos. "Mamãe, mas toda vez que jogamos o João ganha! Eu nunca tenho a chance de vencer".

A mãe abaixou para ficar na altura de Pedro e explicou: "Entendo que você queira vencer, mas seu irmãozinho ainda é pequeno. É importante deixarmos o João ganhar para que ele também se divirta e se sinta bem com o jogo".

"Mas é sempre ele quem ganha, mamãe. É injusto!", reclamou Pedro.

João, o filho mais novo, que estava ouvindo a conversa, interveio com um sorriso brilhante: "Oba! Vou ganhar de novo! Sou 'café com leite'".

Era tão frequente a mãe se referir a João como "café com leite" por ser o filho mais novo que Pedro passou a ver o irmão João dessa forma e até mesmo a repetir a expressão. Quando os irmãos estavam no grupo de amigos e alguma disputa acontecia, era Pedro que dizia: "Dá chance para ele, é 'café com leite'". A expressão era dita com intenção de proteção e não de discriminação.

História 2

Miguel era um garoto de dez anos com uma estatura menor do que a maioria de seus colegas de escola. Por causa disso, algumas crianças o chamavam de "café com leite".

Nas aulas de educação física, Miguel, quando era escolhido para integrar o time, logo algum colega dizia: "Temos um 'café com leite' no time, o Miguel não conta, ele é pequeno."

Miguel era um garoto inteligente e talentoso, e a expressão "café com leite" o afetava profundamente.

Gostaria de começar com a reflexão: "O que você pensa sobre essas histórias?"

Quantas vezes somos rotulados ou rotulamos alguém de "café com leite" por ser mais novo, menos experiente, para proteger ou até por alguma característica física ou intelectual.

A expressão "café com leite" é utilizada para descrever alguém que não tem tanta competência para lidar com determinada situação, que não é levado a sério, que não possui importância nas decisões ou atividades de um grupo.

Vamos pensar na primeira história

Você já pensou em dar chances ou deixar seu filho vencer o jogo por acreditar que ele é "café com leite"? Quantas vezes você fez por ele coisas que ele já sabia fazer por julgá-lo como café com leite?

Quantas vezes fez isso para que ele não lidasse com frustração? Ser "café com leite" tem vantagens ou desvantagens?

Como vimos na história, o filho mais novo está todo feliz por ser considerado "café com leite" e ter a possibilidade de sempre vencer o jogo, enquanto o filho mais velho sente-se injustiçado, pois apesar de seus esforços, não vencerá; afinal, tem um irmão "café com leite". Também é dada ao filho mais velho a missão de "proteger" o irmão mais novo.

Nesse momento, para a criança mais nova, parece ser uma grande vantagem, afinal ela vencerá a partida. Em sua infância, João obteve muitas vantagens por ser considerado "café com leite" e passou a se ver assim.

Mas o que aconteceu com João ao longo da vida e quais foram as consequências?

João foi crescendo sem saber perder, sem saber lidar com frustrações e sempre em busca de pessoas que lhe dessem chances de vencer.

Ao longo da vida, passou a achar o mundo injusto quando as oportunidades não lhe eram oferecidas, criticava com frequência aqueles que não o ajudavam a alcançar seus objetivos, estava sempre à espera de alguém que o ajudasse, que lhe desse a oportunidade de vencer e, como isso não acontecia, João passou a se sentir injustiçado e revoltado. Com o tempo, passou também a desconfiar de sua capacidade, sentir-se inferior e desenvolveu a sensação de não ser levado a sério em suas opiniões e decisões; enfim, sentia-se sempre "pequeno" perante os outros.

É bastante comum recorrermos a essa expressão quando lidamos com crianças pequenas ou quando elas enfrentam dificuldades. No entanto, é crucial refletirmos sobre a visão que temos de nossos filhos e como nos referimos a eles. O impacto de enxergá-los como "café com leite" pode persistir ao longo da vida, mesmo quando não utilizamos mais essa expressão.

Com frequência, vejo pais e responsáveis empenhados em proteger as crianças de situações que julgam ser mais desafiadoras mantendo para si a imagem de que são frágeis e incapazes de enfrentar desafios, mas é claro que não o fazem por mal e, até mesmo muitas vezes, não têm consciência do impacto de suas palavras e atitudes.

É essencial compreender que as crianças são indivíduos únicos, dotados de habilidades e potenciais próprios. Referir-se a elas como "café com leite" pode minar a autoconfiança, desenvolver senso de inferioridade e afetar seu desenvolvimento emocional saudável.

A permissividade dos comportamentos parentais deve-se à insegurança e ao medo de algo de mal acontecer ao filho, e pode provocar comportamentos protetivos, que muitas vezes prejudicam o desenvolvimento da criança. Ao superprotegê-la, evitamos que enfrente frustrações, impedimos que aprenda importantes lições sobre resiliência e autossuficiência. As dificuldades fazem parte da vida e, ao vivenciá-las, as crianças têm a oportunidade de aprender a lidar com adversidades, desenvolver habilidades de autorregulação e resolução de conflitos importantes para o futuro. As crianças aprendem a resolver problemas por meio das experiências.

Em vez de enxergá-las como frágeis, pequenas, "café com leite", devemos proporcionar experiências de acordo com a idade, encorajá-las a se desafiarem, a participarem das disputas, independentemente dos resultados, acreditando em suas capacidades, compreendendo suas dificuldades. Reconhecer as competências e as fraquezas faz parte do desenvolvimento do autovalor, da confiança. Incentivar o esforço promove a autoestima e a motivação para buscar novas conquistas.

E Pedro, como ele está agora?

Será que ele passou a acreditar que, quando está com alguém a quem ele considera "café com leite", deve sempre dar chances, abrir mão de se esforçar, pois acredita que não irá vencer? Ele carrega o senso de injustiça?

Essa reflexão sobre a visão de Pedro pode ser crucial para entender como ele lida com situações competitivas e com pessoas que percebe como menos habilidosas ou experientes. Por um lado, desenvolveu uma demonstração de empatia e consideração, uma habilidade de entender as dificuldades e fraquezas dos outros; por outro lado, desenvolveu a crença de que ser "café com leite" pode ser vantajoso por ter mais chances e passou a achar o mundo injusto. Pedro se sentia compelido a sempre dar chances a essas pessoas e passou a não se esforçar em determinadas situações por acreditar que seus esforços não seriam validados. Ele precisou repensar essa crença e rever suas atitudes garantindo seus esforços e busca pelos seus próprios objetivos, independentemente do outro. Precisou aprender sobre o próprio autovalor. E vejam que Pedro não era o filho considerado "café com leite" e sim aquele que aprendeu a ceder e cuidar.

E o que aconteceu com Miguel?

A expressão "café com leite" referindo-se a Miguel não era vista como vantajosa. Como no caso do João, era discriminatória; ele era tratado assim devido ao seu aspecto físico.

Miguel passou a tentar agradar a todos, esforçava-se muito em busca do reconhecimento de suas habilidades. Começou a acreditar que não era capaz, que era inferior aos demais, passou a não gostar de si, não aceitar sua estatura. Ser considerado "café com leite" afetou sua autoestima, confiança e percepção de valor pessoal, tendo dificuldade em estabelecer relacionamentos saudáveis, falta de assertividade, baixa autoconfiança, isolamento social e até mesmo limitações no seu desenvolvimento pessoal e profissional.

O uso dessa expressão pode perpetuar estereótipos prejudiciais e contribuir para a exclusão e a discriminação. Todas as pessoas têm valor intrínseco e merecem ser tratadas com respeito e consideração.

Deixo claro que são apenas duas histórias nas quais busquei trazer o contexto e o impacto que essa expressão teve em cada um, mas é essencial lembrar que esses significados são pessoais, nem todos terão essas consequências. As experiências são vivências únicas.

E você? Já foi considerado "café com leite"?

Ao terminar esta leitura, peço que pare por alguns minutos e reflita sobre expressões que ouviu ao longo da sua história e consequências para seu desenvolvimento.

Quantas expressões têm passado de geração em geração?

Agora, reflita sobre expressões que você tem usado na educação dos seus filhos ou com pessoas ao seu redor.

Sugiro também que, ao longo de sua caminhada, pratique o poderoso exercício de autoescuta e observação de si, assim terá grande consciência do que diz, de suas atitudes e das consequências, que você poderá causar nos outros e em suas relações.

Que esta leitura favoreça sua clareza, sua sensibilidade, seus ressignificados e suas novas atitudes!

ENTRE SER FELIZ E TER RAZÃO, ESCOLHA SER FELIZ

Quantos anos eu acreditei que esse modo de ver a vida seria a única possibilidade... quanto tempo desse *mindset* de certo e errado... Mesmo as crenças mais importantes e fortes para nós precisam de tempo para serem questionadas e ressignificadas. Somente quando estava pronta para desapegar dela é que comecei a me questionar e um novo mundo se abriu. É preciso esvaziar-se do velho para se preencher do novo É possível ser feliz, é possível ter razão, é possível perder a razão para ser feliz, é possível ser feliz tendo razão. É possível ser livre! E quando sou livre eu entendo que entre o oito e o oitenta existem setenta e duas possibilidades!

REJANE VILLAS BOAS
TAVARES CORRÊA

Rejane Villas Boas Tavares Corrêa

Desde o início da faculdade de Psicologia, o estudo de inteligência emocional foi o que a encantou. Dedicou-se aos estudos no tema desde 1995. Naquela época, já entendia a forma sistêmica de olhar o ser humano e se especializou em terapia sistêmica de casais e famílias. Em seguida, conduziu um trabalho focado em psicologia intercultural, preparando intercambistas e familiares durante o tempo de permanência no exterior. Percebendo que alguns pacientes adoeciam nesse processo, realizou uma especialização em Psicologia da Saúde e Psicossomática. Buscando aprimorar sua comunicação interna e com o mundo, tornou-se *practitioner* em programação neurolinguística. Hoje, reside nos Estados Unidos e atua como psicoeducadora parental com certificação internacional em Disciplina Positiva pela PDA, Atuação Consciente e Comunicação Não Violenta. É membro e pesquisadora do grupo Prevenção ao Abuso Sexual (PAS) e pós-graduada em Educação Parental e Inteligência Emocional. Possui uma comunidade com mães sobre educação consciente, positiva e respeitosa e coordena uma comunidade de profissionais brasileiros que apoiam e orientam sobre os processos interculturais de imigrantes nos Estados Unidos. Atua também como colunista da revista *Mulher Brazil*. Escreveu, em coautoria, os livros *Habilidades socioemocionais: por que essas competências precisam ser desenvolvidas na primeira infância?*, *Educação consciente: criando com empatia*, *Intenção de mãe*, *Soft skills teens* e *Soft skills kids*. Coordena os livros *Pais em construção* e *Apanhei e não morri: frases da infância que ecoam na vida adulta*.

Contatos
rejanevbtc@gmail.com
LinkedIn: Rejane Villas Boas
Instagram: rejanevb_psico
14 98170 9129

Rejane Villas Boas Tavares Corrêa

Não me lembro bem dessa frase nesse formato na minha infância. O que lembro era absolutamente nada de discussão. Zero conflito. Sem problemas. Não sabia nem o que era uma briga, discussão, gritos. Nunca vi. Na minha casa, com meus irmãos, com amigos, com primos e família: absolutamente nada!

Na adolescência, veio um impulso de querer falar um tanto a mais e vários dedos apontando que a famosa fase da "aborrecência" chegou. E comentários de todos os lados que adolescentes têm muito querer, vontades, querem tudo... E eu queria. Queria sair, queria dormir fora, viajar, pular 4 noites de carnaval e 2 matinês, virar noites em claro, ver o Sol nascer sem dormir, ir a TODAS as festas ao mesmo tempo. Queria ser feliz!

Com toda essa energia e vida acontecendo, é claro que conflitos começaram a aparecer. Picuinhas, fofocas, confusão... Virava e mexia, eu estava no meio disso e queria fugir porque eu queria ser feliz. Nunca ter razão. Mas quanto mais eu fugia, mais parecia que me envolviam em histórias que eu nem tinha passado perto. Justo eu que continuava querendo só ser feliz.

Quando algo me perturbava, eu perguntava a minha mãe e ela dizia: "Quando um não quer, dois não brigam". Ponto final. E se eu corria perguntar para meu pai, ele repetia: "Entre ser feliz e ter razão, escolha ser feliz". Fim.

Até que eu conheci o homem que hoje é meu marido. Zero conflitos durante o namoro. Casamo-nos. Vida passando...

Realidade... Problemas... Conflitos. Deixa pra lá, quero ser feliz e não ter razão. Até que ele solta: "Eu preciso ter razão para ser feliz!". O que parecia não ter mais nada depois do fim do parágrafo anterior indicava apenas o começo de uma nova era.

Que interessante o fato de a vida me trazer tantos conflitos para lidar, não é mesmo? Quer dizer, hoje eu penso que é interessante. Mas pensei muito que eu só queria ser feliz e não discutir. Será que a vida não me entende? Que bom que ela não me entendeu.

Durante muitos anos, eu vivi evitando conflitos e conversas "desnecessárias". Anulei-me em relações, não achava que devia me colocar e congelava diante de gritos e discussões. Não sabia nem como começar a falar... Mas percebia que os diálogos internos eram intensos. Além de muitas vezes sentir que meu corpo doía, a cabeça latejava e os dentes rangiam durante o sono. Ou seja, sem razão para ser feliz!

Para conseguir mudar a minha realidade, precisei de muitaaaaaaa terapia, cursos, mergulhos em mim, inúmeras ressignificações e visitas ao passado. Hoje quero trazer aqui um resumo, dicas e algumas reflexões para encurtar seu caminho do equilíbrio entre a razão e a felicidade. Vamos?

Me encanta conhecer e estudar palavras e formas de dizer. Desde meu primeiro estágio, já montei cursos de oratória para ensinar sobre a arte de se posicionar e falar em público. Lembro-me de que, na especialização em terapia de casais e famílias, conheci sobre crenças familiares. Na formação em programação neurolinguística, aprofundei-me muito na forma de falar, no impacto que o ouvinte tem durante a comunicação e nas crenças que trazemos dentro de nós sobre assuntos variados. Crenças são as lentes que usamos para ler e entender determinados temas e que, normalmente, nos limitam. Nosso livro é um exemplo dessas crenças: frases que ouvíamos na nossa infância e que ficam dentro de nós a vida toda se não nos conscientizarmos.

Ser feliz ou ter razão pode ser relacionado a várias questões: inabilidade de comunicação, inadequação, não reconhecimento das próprias necessidades, desvalorização de sentimentos e até mesmo não pertencimento. Escolher não se posicionar e "ser feliz" também pode esconder um medo de não dar conta de argumentar, insegurança em suas ideias e valores, incapacidade de se expressar. Por outro lado, ter razão pode acontecer quando, na tentativa de a felicidade já estar totalmente sufocada de tanto "evitar o conflito", querer a todo custo fazer valer sua existência. Então, ela vem de maneira imperativa, desrespeitosa e atropelando quem estiver na frente.

Quantas vezes dizemos aos nossos filhos frases já prontas e que, para nós, são regras? Frases que repetimos muitas vezes sem pensar? São familiares, mas nunca paramos para desmembrá-las?

A frase-base deste capítulo, por exemplo: já pensou que dificuldade ter que escolher entre opções tão importantes? Dependendo da história e da cultura dessa família, fico pensando sobre o real significado da razão e da felicidade. Seria a razão algo lógico, superior, do pensar, dos inteligentes? Ou algo de quem leva a vida muito a sério, pensa demais e não aproveita a vida? E a felicidade algo leve, para sábios, inteligentes? Ou coisa para gente que não pensa, que não se preocupa, que não se compromete?

Caro leitor, quero lhe dizer que a representação e o significado que cada um dá àquilo que recebe são totalmente pessoais e subjetivos. Portanto, sim, parar para refletir antes de falar é talvez uma das maiores habilidades que podemos desenvolver na vida. Por nós e por quem vai nos ouvir – principalmente nossos filhos.

Mas, afinal, o que é ser feliz? E o que é ter razão?

Quando temos que tomar uma decisão entre esses dois polos, lembra-me muito um *mindset* de certo e errado, bom ou ruim – algo típico da educação tradicional e autoritária. "É 8 ou 80", "Se não é assim, é assado!". Essa polarização é algo bem limitante, já que nos coloca sem opções intermediárias. Costumo dizer que, entre 8 e o 80, existem 72 possibilidades! Já parou para pensar nisso? Talvez, não... Talvez, porque você também cresceu ouvindo essas e outras frases que estão aqui e que, provavelmente, te limitaram a pensar fora da caixinha também.

A educação positiva, consciente e respeitosa na qual acredito, pessoal e profissionalmente falando, mostra um caminho de cooperação, conversas, respeito, combinados e concessões. A comunicação não violenta, disseminada por Marshall Rosenberg (também citada pelas minhas colegas coautoras deste livro, Rayla e Grace), abre muito nossa mente sobre novas formas de compreender o outro nas relações. Inclusive me pego sempre impactada como a história profissional que citei lá no começo foi sempre buscando mais aprendizado para minha vida pessoal também, perceberam? Estudando para ajudar os outros, eu me curo a cada dia.

A busca da felicidade é algo inerente ao ser humano. Acredito que todo mundo quer. O problema é que a maioria não sabe ao certo o que procura. Será que nessa crença, por exemplo, a felicidade não seria a possibilidade de se expor, de colocar suas ideias, seus pensamentos, suas opiniões? Ou abrir para debater algum assunto que pode deixar uma relação mais madura? Quem sabe uma grande oportunidade de essas pessoas se conhecerem melhor e se sentirem seguras para expor suas necessidades? Sentirmo-nos seguros nos permite sermos livres para nos colocarmos de maneira autêntica.

Ter razão... A maioria dos pais quer usar esse argumento para educar seus filhos. Muitas vezes impondo, mandando, brigando, sem ouvir nem olhar para eles. Em vários tipos de relações também acontece o mesmo. Mas será que precisa se impor para ser ouvido?

As relações, para serem saudáveis, precisam ser de trocas. Querer se impor é sempre hierárquico e desrespeitoso. É totalmente possível ter hierarquia, respeito, troca entre duas pessoas sem precisar de superioridade ou imposição. É muito bom estar, ser, colocar-se, existir dentro de uma relação. Ouvir, trocar, parar, pensar, falar, negociar e aceitar não são simples verbos aqui. São ações que traduzem respeito e amadurecimento de relação.

Não precisamos ter razão em tudo todos os dias. Nem dá para ser feliz a qualquer preço. Observar que esse vai e vem entre razão e felicidade é algo contínuo chega a ser libertador. E liberdade aqui consiste em sair do piloto automático, da crença limitante e decidir que dia, com quem, para qual assunto e de que forma eu decido participar.

Então, hoje, o que é bom pra mim?

Ainda tenho aprendido muito sobre isso com minhas filhas, que me dão diariamente a oportunidade de entender melhor a hora de falar, intervir, de ter razão, de ensinar... Ou simplesmente de ser leve. O que realmente vale a pena? Em quais assuntos e situações quero colocar minha energia?

Nem sempre discordar é brigar. Ainda tenho dificuldade de não acionar meu piloto automático quando elas decidem lutar por algo que acreditam. Se for em voz alta então, eu quase acho que vai começar a terceira guerra mundial. Tento respirar para permitir que elas possam não reprimir suas necessidades, não guardar suas emoções, tampouco se machucarem verbalmente. Quero sempre encorajá-las a expor as ideias de maneira educada e respeitosa, reconhecendo as emoções e podendo existir nas relações que elas desenvolverem.

Meu desejo para elas, para mim e para vocês é que possamos ser cada dia mais conscientes e que possamos navegar nas 72 possibilidades que podem existir entre a razão e a felicidade.

03

ME OBEDEÇA, QUE SOU SUA MÃE/SEU PAI!

Alguma vez, durante a infância, você ouviu essa expressão? Para muitas famílias, seu uso é bem comum e não há espaço para questionar. É simplesmente imposta, mas o que está por trás do seu sentido? Pelos estudos da neurociência na primeira infância, percebemos o impacto de repetirmos padrões da educação tradicional. Neste capítulo, trago o convite para uma descoberta.

ALICE REUTER

Alice Reuter

Educadora parental em Disciplina Positiva, facilitadora e especialista em Primeira Infância, certificada pela Positive Discipline Association. Certificada em Formação Integral de Educação Parental (Bete Rodrigues), em Atuação Consciente e Apego Seguro (Escola da Educação Positiva) e em Parentalidade Consciente (Academia de Parentalidade Consciente). Pós-graduada em Educação Parental e Inteligência Emocional, pela Academia Parent Brasil, e em Educação Parental Integral, pela Bete Rodrigues. Arquiteta de formação.

Contatos
alicereuter@gmail.com
Instagram: @alicereuter.infância
11 97074 0074

"**O**bedeça-me, que sou sua mãe/seu pai" é uma frase tão familiar e, ao mesmo tempo, um tanto impositiva. Remete-nos a uma educação autoritária, hierárquica e que invisibiliza a criança de alguma forma. Ela é menos condizente com a educação respeitosa que se busca hoje.

Grandes estudos sobre parentalidade, educação, relações humanas e da neurociência nos trazem embasamento para percebermos que não podemos agir conforme as gerações passadas, sem questionar.

Por que não pensarmos no que estava acontecendo no ambiente enquanto ouvíamos essa expressão? O que nossos pais poderiam estar sentindo? O que será que nós, crianças, sentíamos, pensávamos e o que poderíamos decidir sobre nós mesmos?

Uma descoberta

Uma criança condicionada e obediente não é capaz de saber o que sente, mas fica se perguntando como deveria se sentir.
ALICE MILLER

A primeira vez que li a frase acima me dei conta de que ela traduzia um sentimento que me acompanha desde a infância. Nos momentos em que me via insegura e incomodada com olhares aleatórios, percebia que despertava em mim uma sensação de estar sendo julgada e me preocupava com o que os outros poderiam pensar.

A sensação de inadequação tomava conta de mim e eu perdia minha espontaneidade e minha autenticidade. Agia conforme as expectativas das pessoas, moldava-me no ambiente, me adaptava para me sentir mais segura e aceita. Preocupava-me em ser correta, comportada, agradável, educada e respeitosa. Pensava em como deveria sentir e agir para evitar o desconforto de não me encaixar adequadamente.

Uma reflexão

Quando criança, eu me sentia feliz, podia me expressar, era levada em consideração e me sentia ouvida, importante e muito amada. Meus pais são pessoas maravilhosas, gentis e se preocupavam muito se os seus filhos estavam recebendo amor, afeto, atenção, acolhimento e direções assertivas em sua educação.

Na década de 1980, era normal agir com firmeza para educar e fui educada desse modo. Eu era exigida a ter obediência e respeito por eles, e ficava atenta se condizia com as expectativas, tinha receio de levar uma bronca ou ser punida com castigos e palmadas. Se eu brigasse com meus irmãos ou se os decepcionasse de alguma forma, existia um afastamento (físico e emocional) e eu ficava angustiada em tê-los de volta, fazendo de tudo para agradá-los. "Estou muito triste com você, vá ficar lá longe", essa frase mexia comigo. Encaixei-me para ser a filha que eles precisassem que eu fosse. Buscando a perfeição, eu me sentia mais amada.

Um ato de consciência

> *Não percebemos os pedidos de atenção e amor dos nossos filhos porque estamos ocupados demais tentando fazê-los obedecer.*
>
> JESPER JUUL

Ao me tornar mãe, fui uma grande candidata a repetir o padrão familiar. Eduquei meus filhos com mais firmeza do que gentileza e tinha a sensação de estar sendo assertiva durante a infância e início da adolescência, até o momento em que descobri que essa postura trouxe para minha vida adulta o senso de inadequação.

Impondo meu poder, entregava um amor inconstante sem perceber. Mesmo empenhada em ter momentos ternos, respeitosos, leves, criativos e muito amorosos, sentia que essas memórias afetivas sobreviviam, mas apareciam, também, inseguranças e medos semelhantes aos meus:

- Da reação quando os pais ficam bravos.
- Da punição por meio de castigos e agressões físicas ou verbais.
- De não agir conforme esperam.
- De decepcionar.
- De estar errando.
- Do afastamento emocional e físico.
- De ser abandonado.
- De perder o amor dos pais.

A obediência, pelo olhar da Educação Parental, é uma consequência de uma relação pela qual os filhos se sentem respeitados, vistos, ouvidos, levados em consideração e amados incondicionalmente. É importante questionar, se imposta.

As crianças nascem cooperativas e colaborativas e agem assim quando estão sendo aceitas em sua essência e preservadas em sua integridade. Caso não estejam agindo assim, alguma necessidade está sendo violada.

Um caminho afetivo

> *As crianças estão mais motivadas a cooperar, aprender novas habilidades e dar afeto e respeito quando se sentem motivadas, conectadas e amadas.*
>
> JANE NELSEN

Quando levamos em conta as emoções e os sentimentos das crianças, interpretamos os comportamentos como pedido de ajuda, elas nos enxergam como um adulto que as compreende e conectam-se conosco; criamos vínculo. Ao tentarmos atender às necessidades básicas fisiológicas (fome, sede, sono, excreção, respiração, abrigo...) e emocionais (afeto, respeito, autonomia, autoconfiança, autorrealização, autocontrole, reconhecimento, proteção...), elas desenvolvem admiração pelos adultos, confiança, sentem-se seguras e agem melhor.

Entendo que exerci minha parentalidade conforme eu conseguia e acreditava. Quando a figura que eu representava aos meus filhos se mostrou adversa à verdadeira intenção que tinha como mãe – de construir uma relação de respeito mútuo – decidi estudar para mudar. Concluí que poderia ter:

- Preservado a autenticidade e a autoestima deles e não lapidado conforme eu achava ideal, invisibilizando de certa forma quem eram.
- Considerado todas as emoções demonstradas e não reprimido, fazendo que se sentissem inadequados e mudassem para me agradar.
- Levado em consideração a opinião e visão de mundo, ao respeitar a integridade e não os afligir em tornarem-se adultos com qualidades que somente eu valorizo.
- Sido corajosa para mostrar minha vulnerabilidade, sem medo de pensarem que eu não era uma boa mãe caso não fossem comportados.
- Priorizado a minha relação com eles do que tê-los tratado com indiferença, preocupada com o que os outros pudessem pensar sobre mim.

- Aprendido a entender como eu reajo às minhas emoções, a ter responsabilidade pessoal, em vez de descontar neles minhas frustrações.
- Preservado a segurança emocional e não colocado meu amor em dúvida enquanto eu me afastava.

Uma luz no fim do túnel

> *Nossa atenção está focada em classificar, analisar e determinar os níveis de erro, e não no que nós e os outros precisamos e não estamos recebendo.*
> MARSHALL ROSENBERG

Um bebê vem ao mundo e demonstra o tempo todo o que precisa para se sentir seguro. Cabe aos pais serem curiosos e investigativos para tentar suprir a necessidade dele. Ao conseguirem, os bebes entram em um estado de paz e existe uma conexão verdadeira entre eles.

Com as crianças, na primeira infância, acontece a mesma coisa, mas os comportamentos são mais difíceis de lidar, pois enxergamos como uma falha parental. Na adolescência, vivemos o luto da infância e inseguranças maiores. Em ambas etapas de desenvolvimento, esperamos que tenham a maturidade neurológica como a nossa, e isso só realmente acontecerá por volta dos 25 anos.

Podemos também investigar nossas necessidades como pais, mas temos mais dificuldade em nos mostrarmos frágeis, vulneráveis, imperfeitos, assumir que erramos e pedir ajuda. Por algum motivo, fomos incentivados a sermos perfeitos, dar conta de criar filhos sozinhos, e isso é inalcançável. Quando as necessidades dos filhos e pais são levadas em consideração, nasce uma parentalidade consciente.

Uma conclusão

> Ser "perfeito" e "à prova de bala" são conceitos [...] que não existem na realidade humana. [...] Em vez de nos sentarmos à beira do caminho e vivermos de julgamentos e críticas, nós devemos ousar aparecer e deixar que nos vejam. Isso é vulnerabilidade. Isso é a coragem de ser imperfeito. Isso é viver com ousadia.
> BRENÉ BROWN

Aprendemos a ser pais muito antes de termos filhos, acontece na nossa infância, enquanto somos filhos. Quanto mais coragem tivermos para buscar mais conhecimento e quebrarmos o paradigma na educação infantil, menos comportamentos desafiadores teremos. Quando nos sentimos melhor, naturalmente agimos melhor. Tornamo-nos, desse modo, uma autoridade, pessoas dignas de serem seguidas.

Se exigimos obediência, perdemos a chance de ensinar habilidades de vida valiosas às crianças, pois, ao invés de ser compreendida a causa do seu comportamento, acolhida em suas emoções, alfabetizada emocionalmente e orientada a ter um comportamento aceitável, elas agem por medo de desagradar, medo da punição e, portanto, mudam sua essência para garantir que receberão amor.

Atravessando a primeira infância regado pela intenção dos pais em demonstrar um amor incondicional, mais seguro, resiliente, empático e respeitoso será o adulto que nos tornaremos. Ao aceitarmos as emoções que emergem e termos aprendido a lidar com elas, menos inadequados e mais assertivos nos sentimos com o que decidimos fazer. Aprendemos, assim, a ter orgulho do ser humano que somos.

Referências

BROWN, B. *A coragem de ser imperfeito: como aceitar a própria vulnerabilidade, vencer a vergonha e ousar ser quem você é.* Rio de Janeiro: Sextante, 2016.

GOLEMAN, D. *Inteligência emocional: a teoria revolucionária que define o que é ser inteligente.* 2. ed. Rio de Janeiro: Objetiva, 2012.

JUUL, J. *Sua criança competente: educação para a nova família.* Osasco: Novo Século, 2002.

NELSEN, J. *Disciplina Positiva: o guia clássico para pais e professores que desejam ajudar as crianças a desenvolverem autodisciplina, responsabilidade, cooperação e habilidades para resolver problemas.* 3. ed. Barueri: Manole, 2015.

NELSEN, J.; LOTT, L. *Disciplina positiva para adolescentes: uma abordagem gentil e firme na educação dos filhos.* 3. ed. Barueri: Manole, 2015.

ÖVÉN, M. *Educar com mindfulness: guia de parentalidade consciente para pais e educadores.* Portugal: Porto Editora, 2015.

ROSENBERG, M. B. *Comunicação não violenta: técnicas para aprimorar relacionamentos pessoais e profissionais.* 4. ed. São Paulo: Ágora, 2006.

SIEGEL, D. J.; BRYSON. T. P. *O cérebro da criança: 12 estratégias revolucionárias para nutrir a mente em desenvolvimento do seu filho e ajudar a sua família a prosperar.* São Paulo: nVersos, 2015.

SIEGEL, D. J.; BATISTA, J. *O cérebro do adolescente: o grande potencial, a coragem e a criatividade da mente dos 12 aos 14 anos.* São Paulo: nVersos, 2016.

SOLLÉRO, B. *Pare de perguntar o que seu filho vai ser: sobre viver a infância e educar para o presente.* São Paulo: Literare Books International, 2019.

VILELA, J. *Meu filho cresceu e agora? Um manual para lidar com a adolescência.* São Paulo: Literare Books International, 2019.

04

QUE FEIO VOCÊ CHORANDO! AS PESSOAS ESTÃO VENDO VOCÊ CHORAR

O choro, para muitos de nós, sempre foi considerado uma expressão difícil de ser acolhida e permitida. Eu mesma já tive muita dificuldade de me permitir chorar. Dizia a mim mesma: "Seja forte, chorar não vai resolver nada!". Será mesmo que não resolve? Espero que, pelas minhas palavras, você possa refletir, acolher-se e perceber a importância de simplesmente olharmos para o choro como uma expressão necessária para a nossa vida. Chorar lava a nossa alma!

ANA CAROLINA DE CARVALHO MILITÃO

Ana Carolina de Carvalho Militão

Mãe do Rafael, esposa do Felipe, psicóloga clínica desde 2011, terapeuta da criança interior. Pós-graduada em Gestão Estratégica de Pessoas, *coach*, certificada em ferramentas de análise de personalidade: DISC e eneagrama. Atuou por 15 anos na área organizacional, conciliando com a atuação na área clínica. Há 3 anos, com a chegada da maternidade, veio o grande convite interno para atuar exclusivamente como psicóloga clínica. Pós-graduanda em Educação Parental e Inteligência Emocional.

Contatos
psicologaanacarvalho@gmail.com
Instagram: @psicologaanacarvalho
19 98105 9554

Ana Carolina de Carvalho Militão

> *Sua visão se tornará clara apenas quando você puder olhar dentro de seu coração. Quem olha para fora sonha, quem olha para dentro acorda.*
> CARL JUNG

Antes mesmo de iniciarmos este capítulo, gostaria de propor uma reflexão:

O que o choro significa para você?
Você se sente à vontade para chorar?
Você se sente à vontade para acolher o choro de alguém?

Quando nascemos, a única forma de nos comunicarmos e mostrarmos que algo não está legal é pelo choro. O choro é como um radar interno. Quando sentimos fome, sede, frio, calor ou mesmo a necessidade de proteção, de colo, de apego, utilizamos o choro como recurso para alertar nossos cuidadores de que algo precisa ser acolhido. Toda criança nasce 100% conectada com suas necessidades e desejos internos. Essa conexão e a possibilidade de expressá-la com liberdade e acolhimento são a base para que a criança se torne um adulto que busque e saiba o que quer.

Mesmo o choro sendo esse radar interno que nos aproxima do acolhimento e, consequentemente, contribui para o amadurecimento mais seguro do ser, muitos de nós possuímos dificuldade para chorar e/ou acolher o choro de alguém.

Apanhei e não morri

O choro tem muitos significados e, hoje, considero uma linda expressão das nossas emoções. É uma forma de colocar para fora aquilo que, de alguma maneira, está nos incomodando, seja medo, dor, angústia ou mesmo uma boa emoção, como a alegria e a gratidão.

Por muito tempo, reprimi meu choro. Se fosse para chorar, tinha que ser escondido. Para mim, por anos, o choro foi visto como fraqueza e motivo para o julgamento das pessoas.

Tive pouquíssimo acolhimento do meu choro e sei que, na minha realidade, era difícil demais lidar com o choro, por alguns motivos: meus pais não foram acolhidos em seus momentos de choro. Eles precisavam ser fortes; a vida era dura demais para "perder tempo" chorando.

Sobre os olhares de repreensão das pessoas, também não tiveram liberdade para expressar o que sentiam por meio do choro, tampouco foram ensinadas sobre o que cada emoção significava e como poderiam direcioná-las da melhor forma.

Arrisco-me a dizer que essa foi a realidade de, ao menos, 90% da população. Falar sobre emoções e ensinar sobre elas nunca foi uma prioridade para as gerações passadas. Atualmente, fala-se um pouco mais sobre as emoções. Ainda temos muito para aprender e ensinar às novas gerações a serem pessoas emocionalmente mais conscientes.

Nunca vi o meu pai chorar. Minha mãe, poucas vezes, apesar de ela ser mais emotiva. Sentia que ela não se permitia chorar na frente dos filhos. Precisava ser forte. Eles sempre se cobraram e foram muito cobrados para serem fortes.

Eu os admiro demais, mas sinto a dor que carregam por não se permitirem sentir, chorar, colocar as emoções para fora. Muitas vezes, vi o emocional somatizando no físico.

Quando me tornei mãe, sustentar o choro do meu filho se tornou algo bastante desafiador. Iniciei um processo profundo de autoconhecimento para entender por que o choro me incomodava tanto.

Eu sempre fui uma pessoa emotiva. Emocionava-me com os comerciais de TV, com a letra de uma música, com a triste história de um colega ou paciente. Eram os únicos momentos que eu permitia me emocionar.

Mas, muitas vezes, disse a mim mesma diante da vontade de chorar: "Seja forte, chorar não vai resolver nada!". Será mesmo que não resolveria?

Durante o meu processo de autoconhecimento, fui me dando conta do quanto me importava com o julgamento das pessoas e, assim, fui moldando meu comportamento, desde criança, para ser a menina e, depois, a mulher comportada, a que não dava trabalho, a que aceitava tudo, a que não falava "não", a que estava sempre disponível a ajudar, mesmo querendo dizer "não". Aquela que se importava e se emocionava com a vida do outro, mas era tão distante das próprias emoções.

Assim, foi se construindo a minha personalidade da ajudante. Aquela que coloca todos em primeiro lugar e a si mesma em último. Logo, minhas emoções e meus sentimentos não tinham espaço para serem expressados.

Muito choro foi reprimido, mesmo estando entalado. Muita emoção foi deixada de lado para priorizar alguém. Muito comportamento foi alterado para ser aceita e não sofrer com os julgamentos. Por muito tempo, vivi distante de mim.

Foi assim que eu interpretei que chorar não era permitido, as pessoas estavam me observando, e o que elas pensariam? Era mais importante me atentar sobre o que as pessoas falariam ou pensariam do que dar ouvidos para a minha vontade.

Continuo o meu processo de autoconhecimento e me sinto com muito mais liberdade para me expressar, independentemente se as pessoas considerarão como algo ruim ou uma bobagem. Hoje, tenho consciência de que só curamos aquilo que nos permitimos sentir. E foi sentindo na pele que pude aprender a me permitir. O resultado disso é muito mais acolhimento comigo e com o meu filho. Hoje, o choro é permitido, acolhido, compreendido e direcionado.

Compartilho este relato com vocês, pois sei que muitos de nós têm dificuldade de lidar com o próprio choro e com o choro de outra pessoa, seja por qual motivo for. Uma frase que eu ouvi muito na minha infância foi: "Que feio você chorando! As pessoas estão vendo você chorar". Por trás dela, tinha uma boa intenção de cessar o choro, que por anos se tornou um choro entalado, uma repressão das emoções, um olhar mais para o outro do que para mim, a ponto de se tornar sufocante. Tão sufocante que a forma que eu encontrava de expressar minhas emoções era esbravejando com quem era próximo, só com os próximos. Afinal, eu precisava manter minha postura de menina comportada.

Por isso, convido você para refletir novamente: o que te incomoda no choro?

Se está difícil lidar com o choro de alguém e você tenta de alguma forma cessá-lo e não acolher, isso diz algo importante sobre a própria história. Como já dizia Carl Jung: "Tudo o que nos irrita nos outros pode nos levar a um entendimento de nós mesmos".

Só quando percebi que o choro do meu filho me incomodava, busquei entendimento sobre isso; percebi muito de mim naquele choro. Se eu não me permitia chorar, se eu não acolhia as minhas emoções, como seria possível acolher o choro do meu filho? A conta não ia fechar.

Uma criança que não se sente acolhida em seu choro pode se sentir invalidada, imperfeita, desconsiderada, desamparada, incapaz, insegura ou injustiçada, e essa crença sobre si seguirá com ela pela vida adulta e será base de como se relacionará.

Dizer para uma criança que o choro dela não é adequado, é feio e que as pessoas estão olhando pode ser um dos primeiros passos para essa criança se envolver em relações abusivas, não somente em sua fase adulta, mas ainda enquanto criança. Além disso, pode dificultar que, diante de uma situação ruim, a criança busque a ajuda de seus cuidadores.

O choro contém uma série de hormônios e neurotransmissores que ajudam a aliviar o estresse no momento. Por isso, diante do choro, é preciso acolher a criança e permitir que ela expresse o que está acontecendo, sem menosprezar ou mesmo colocar como inadequado perante o olhar das pessoas. Esse acolhimento é que dará segurança para a criança e, futuramente, para que o adulto saiba expressar, acolher e entender as próprias emoções, assim como as dos outros.

Diante de tudo isso, se eu puder te dar um conselho: ande com um lencinho no bolso. Permita-se chorar, permita-se sentir, permita-se acolher e acolher-se. Deixe a beleza das lágrimas e das emoções rolarem pelo seu rosto, seja por qual motivo for. Afinal, só vivemos e nos curamos de verdade daquilo que permitimos sentir. Permita-se e permita que o outro também se sinta livre para se expressar, pois, ao seu lado, ele saberá que terá um colo, um apoio, um porto seguro com quem desabafar ou, simplesmente, ser ele mesma diante das emoções que está sentindo.

05

A PORTA DA RUA É A SERVENTIA DA CASA

Este capítulo analisa o impacto que a expressão "a porta da rua é a serventia da casa" pode causar no jovem adulto, que ainda precisa dos pais para alçar o seu voo rumo à autonomia e à independência. O luto da infância e a passagem para a vida adulta é conflituoso, sendo necessário manter o vínculo e a segurança afetiva, caso contrário, as marcas e feridas serão inevitáveis.

ANA LUZ RODRIGUES

Ana Luz Rodrigues

Há 15 anos, moro na França, onde tomei contato com a parentalidade positiva. Sou formada em Direito e ser mãe levou-me à consciência do *métier* parental. Hoje, sou educadora parental em atuação consciente, especializada em comunicação não violenta, Método ESPERE® e facilitadora dos *ateliers* "Como falar para o seu filho ouvir" e "Como ouvir para o seu filho falar", de Faber et Mazlish. Atuo como pesquisadora em educação não violenta e faço parte do *Observatoire de la Violence Educative Ordinaire* – OVEO, em defesa da educação infantil, sem uso de qualquer tipo de punição física, psicológica e emocional. Sigo, como bússolas de atuação profissional, a teoria do apego, a comunicação funcional, a neurociência afetiva, a gestão emocional e a psicologia positiva. Palestrante e mediadora de encontros parentais on-line e presencial.

Contatos
luzepais@gmail.com
Instagram: @ana_luzrodrigues

> *Foi quando o meu pai me disse:*
> *filha, você é a ovelha negra da família.*
> *Agora é hora de você assumir e sumir...*
> RITA LEE

Provavelmente, você conhece a música da compositora Rita Lee, cujo contexto é a inadequação daquele que é considerado o "rebelde", que foge dos padrões e, por isso, merecedor de expulsão do clã. Quando ouço esta música, relembro a relação conflituosa estabelecida com o meu pai durante a minha adolescência e início da idade adulta. Depois de anos de terapia e de revisão da minha história pessoal, esta mesma música, agora no momento presente, foi ressignificada como uma mensagem de viver em liberdade, o meu bem mais precioso. Mas nem sempre foi assim...

Eu me lembro de que ele cantava o refrão em tom de sarcasmo, para deixar claro que em casa "havia regras" e "os incomodados que se retirassem". Eu era adolescente com o esperado comportamento de individuação, em que as regras e a autoridade deveriam ser contestadas, e, de fato, demonstrava minha contrariedade ao argumentar e questionar os padrões – especialmente a rigidez do dogmatismo religioso –, que me pareciam incoerentes.

Com isso, a explosão da bomba atômica era inevitável. Perdi as contas de quantas vezes fui ameaçada de ser expulsa de casa e, numa das piores crises, as minhas roupas foram colocadas em sacos de lixo e tive que morar com a minha avó. O motivo? Querer sair com as amigas, namorar e levar uma vida normal de uma jovem mulher, de vinte e poucos anos.

Naquela época, não sabia identificar a dinâmica de uma relação caracterizada como tóxica e abusiva, pois achava normal a figura paterna agir de modo firme em nome de uma boa educação. A disciplina sempre vinha acompanhada da frase: "É para o seu bem, minha filha".

Logo cedo, percebi a ambiguidade de conviver com um pai excepcionalmente inteligente, culto e agradável em público, mas, ao mesmo tempo, que agia com impulsividade, palavreado ofensivo, conduta controladora e ameaçadora dentro de casa.

Acredito que, diante da exclusão como punição, o filho tem duas alternativas: a resignação ou a rebelião. Eu costumava oscilar entre as duas opções. A resignação vinha em forma da obediência e essa foi a estratégia – ou máscara adaptativa –, que funcionava para garantir paz e sossego, com o sentimento interno de aceitação, pertencimento e valorização.

A maior parte do tempo eu era a "menina obediente", que procurava ser a mais perfeita possível. No entanto, a submissão forçada é uma panela de pressão e a rebeldia aparecia quando eu sentia a necessidade de defender o meu ponto de vista, garantir o mínimo da minha autenticidade e estabelecer algum limite de maneira desesperada.

Ainda me lembro da minha sensação interna de impotência e me questionava: como pode um pai querer colocar um filho para fora de casa? Não seria mais conveniente conversar, escutar, dar um crédito de confiança e estabelecer acordos e condições juntos? Por outro lado, a minha mãe era o contraponto, sendo a apaziguadora dos conflitos. Ela assumiu um papel de submissão, sendo igualmente vítima de uma relação tóxica com traços narcisistas.

Efetivamente, os filhos se adaptam aos pais e ao modelo relacional que eles propõem. Somente mais tarde, com a minha maternidade, essas feridas foram remexidas como parte do processo de rompimento do ciclo de violência transgeracional, para assumir a responsabilidade de cicatrizá-las, com o intuito de não projetá-las em minha filha. É necessário enxergar e tomar consciência das violências no âmbito intrafamíliar para não reproduzi-las.

Compreendi, por meio de terapias e do autoconhecimento, que, no fundo, meu pai projetou em mim o trauma vivido por ele quando foi "expulso" de casa em razão da gravidez fora do casamento. Para uma família tradicional e religiosa, significava o pecado original, tendo por consequência a expulsão do Éden, para viver fora das regalias paradisíacas.

A passagem para a vida adulta deu-se de modo abrupto, disruptivo e, de certo modo, traumático. Com a expulsão, meu pai não era mais o filho, mas um homem que deveria cuidar de uma esposa grávida. Mais que isso, a gravidez era vista como irresponsabilidade e pecado. A história é longa, com vários desdobramentos, altos e baixos, dores, volta por cima, reparação e resiliência; e essa bagagem faz parte de quem eu sou e do que tive que ressignificar.

Quantos de nós viemos de um lar que se assemelha a um campo de batalha? Quantos de nós, enquanto jovens, vimo-nos no auge do descontrole e tivemos a vontade de nos retirar ou fomos ameaçados de expulsão? Quais são as feridas e crenças limitantes decorrentes dessa dinâmica? Como ressignificar os insultos, a violência verbal e os sentimentos de exclusão e insuficiência?

A relação entre pais e filhos é complexa e extremamente desafiadora. A adolescência, em especial, é um período de "incubação" para viver fora do ninho parental. O jovem tem a tendência natural de distanciamento dos pais, quer tomar as próprias decisões na busca gradual de independência e, sob esse contexto, os conflitos e confrontações são inevitáveis. Porém, é importante considerar que continuam intactas as necessidades humanas de contato físico afetuoso, de reconhecimento, validação e de compartilhar as ideias e experiências.

Todo jovem precisa de uma referência para o aprendizado de vida, e os cuidadores são de fundamental importância para o cumprimento desse papel. O ideal seria os pais proporcionarem segurança emocional com o estreitamento do vínculo, deixando claro o apoio para o jovem experimentar a liberdade com responsabilidade, ter tempo para adquirir experiências variadas, como viajar, conhecer pessoas e, principalmente, ter o direito em apresentar o ponto de vista contrário dos genitores.

Efetivamente, os pais poderiam encontrar o ponto de equilíbrio emocional para ter conversas difíceis e conduzi-las de modo pacífico, conciliador e com os limites necessários. Parte da aprendizagem da caminhada é sentir medo, insegurança e angústia, mas isso é atenuado com a relação mais próxima, de confiança e, quando é possível, manifestar as discordâncias de modo não violento.

Por outro lado, os pais são acometidos da síndrome de hotelaria. Eles se sentem impotentes e perdidos ao verem os filhos como indivíduos que comem, dormem, vivem no mundo à parte dentro do quarto e que preferem viver as relações com os pares. Frases como "aqui em casa não é pensão ou hotel!" revelam a falta de conexão e, principalmente, a frustração em não ter mais o controle, a obediência irrestrita e o contato com os filhos como era antes. Há um verdadeiro vazio ou luto dos pais ao se darem conta de que a infância acabou e que o adolescente começa a desabrochar.

Infelizmente, a maioria dos adultos não experienciou proximidade e intimidade com os pais, considerando o contexto da educação tradicional, punitiva, violenta e opressora da qual viemos.

Quantos de nós sentimos a dor de não sermos aceitos em casa por não atendermos às expectativas dos pais ou por termos gostos, preferências e opiniões diferentes?

Muitos de nós optamos pela repressão das emoções, com o apagamento da espontaneidade e autenticidade em nome da obediência, e isso garantia até mesmo o teto para viver.

O filho, independentemente da idade, tem a necessidade de aceitação e isso está intimamente ligado à percepção do amor incondicional, que é a certeza de ser aceito e considerado pela família do jeito que ele é.

Eu não sou responsável pelas origens das minhas feridas, mas sou responsável pela minha reabilitação e pelo permanente processo de cura, que não é linear. Ameaçar um filho com a expulsão do lar afeta diretamente a autoestima e a autoconfiança. Nesse aspecto, lido com a síndrome da impostora, que esconde a vergonha, o medo de errar, de ser julgada e excluída.

Eu não tenho receio em falar sobre isso porque aprendi a aceitar não só a minha vulnerabilidade, mas também acolher e validar todos os sentimentos e as emoções que eu venha a apresentar.

Quando sinto o desconforto interno, procuro olhar para dentro de mim mesma. Eu respiro e repito o mantra: "Você está segura, pode avançar, eu estou aqui com você". Eu me abraço e peço o contato com meu marido, que também é, para mim, uma base de confiança segura. Eu busco a escrita terapêutica, meditação e, recentemente, comecei com a terapia EMDR[1] para o reprocessamento de traumas.

Não há fórmulas mágicas, mas sim um caminho de autocompaixão a ser feito e eu aprendi a dizer a mim mesma "eu quero, eu posso, sem medo de ser diferente dos outros, de ser rejeitada ou isolada". Aprendi a seguir em frente e dar as mãos a mim mesma e o apoio que me faltou na entrada da vida adulta. Estou em reabilitação.

---

1 EMDR: Eye Movement Desensitization and Reprocessing.

06

QUEM VOCÊ PENSA QUE É?

Escolhi me vulnerabilizar a vocês, leitores, em primeira pessoa, explorando a frase "quem você pensa que é". Essa frase que me acompanha desde a infância e que compartilho aqui todos os impactos que me causou, com o intuito de inspirá-los ao final da leitura a escolherem o caminho do autoconhecimento: revisitar histórias, reconhecer dores, nomear experiências e sentimentos, acolher e acomodar o que é necessário e mudar o que é preciso.

ARIANE FRANCATTI

Ariane Francatti

Psicóloga graduada pela UNIFAJ (2017), com pós-graduação em Desenvolvimento do Potencial Humano nas Organizações pela PUC (2021). Certificações em ferramentas de análise de personalidade: DISC e eneagrama. Psicoterapeuta focada nos traumas da infância e na formação da personalidade. Terapeuta de criança interior. Consultora de recursos humanos.

Contatos
psi.arifrancatti@gmail.com
Instagram: @psi.arifrancatti

Ariane Francatti

Não é tão simples quanto parece conectar a vida adulta com o que te aconteceu na infância, porque às vezes até temos consciência de algumas coisas que nos aconteceram ou algumas coisas que nos faltaram, mas não temos ideia do quanto essas experiências ainda se fazem presentes e onde elas aparecem em nossas vidas. Outras vezes, não temos consciência realmente do que nos aconteceu e chegamos a verbalizar em terapia "minha infância nem foi tão ruim assim".

Talvez todos vivam, por algum instante, esse momento de negação na tentativa de evitar contato com o sofrimento novamente; ou por medo de desapontar e parecer ingrato e infiel a quem os criou; ou por não reconhecer que traumas não precisam necessariamente serem fruto de violências físicas. São diversas as possibilidades e eu mesma já transitei por várias até reconhecer que eu não apanhei, não morri, mas tenho muitas feridas para serem tratadas e cicatrizadas.

O que eu posso te dizer com segurança por tudo o que estudo, vivencio na prática clínica como psicóloga e nas descobertas que tenho feito no meu processo de autoconhecimento é que traumas não necessariamente deixam marcas aparentes (físicas); e não precisa envolver uma grande perda para ser significativo. Basta doer em algum lugar por quem sentiu, e esse lugar pode ser onde só a própria pessoa consegue acessar, na alma. E aí eu completo te contando que o que aconteceu na infância não ficou lá atrás, manifesta-se todos os dias em nossas vidas por meio dos nossos comportamentos, dos nossos incômodos, dos nossos medos.

Quando decidi participar da escrita deste livro, vieram à mente diversas possibilidades de frases, mas queria escolher aquela que sentia que tinha mais impacto na minha vida **atualmente**. E para descobrir isso, mergulhei nas maiores queixas e nos desafios atuais. Assim, descobri a altura do eco da frase "quem você pensa que é?" em minha vida.

Primeiro, eu preciso dizer que eu não sei com qual intenção essa frase era direcionada a mim, e o objetivo deste livro não é este – adivinhar ou julgar. O que posso falar com segurança é sobre a parte que me cabe, que é sobre aquilo que eu senti, interpretei e internalizei diante das situações em que ela era verbalizada. Outro ponto que é interessante citar é que essa mesma frase pode ter feito parte da sua vida, em diferentes contextos e interpretações, por isso o ser humano é tão subjetivo, complexo e interessante.

É relevante começar contando que sou filha órfã, duplamente, desde os dois anos de idade. Duplamente, porque perdi minha mãe e meu pai para o alcoolismo antes mesmo de vir ao mundo; evidentemente, isso só piorou com o falecimento da minha mãe, a ponto de termos nos vistos quatro vezes na vida. Fui criada pelos meus avós.

Aos olhos dos outros, sempre fui considerada uma menina forte, determinada, batalhadora e que consegue tudo o que quer. Sempre ouvi isso. Hoje consigo ver o mesmo, percebo o quanto vivi correndo para dar conta de tudo, para conseguir tudo o que sonhava e para ser alguém mais interessante do que a minha história parecia ser.

Só que poucas pessoas sabem sobre os medos e traumas dessa mulher forte. Que não vem só da perda da mãe e da ausência do pai. Esses eventos trouxeram muita dor, principalmente na infância, quando eu tentava entender e alocar sozinha tudo o que havia acontecido. Mas hoje percebo que não foram essas faltas que geraram os principais traumas que me incomodam e me desafiam. Até porque as figuras materna e paterna foram substituídas e, a partir daí, novos registros internos foram criados.

Ao começar a escrever este livro, fiz uma pergunta ao meu marido: "Amor, o que você enxerga que seja minha maior dificuldade, meu maior desafio?". Ele respondeu: "Olha, eu acho que a sua insegurança, o seu medo. Em várias áreas da sua vida... E isso às vezes te deixa indecisa, por exemplo, se você é boa ou não. Só que um milhão de pessoas já demonstraram que você é boa, não só profissionalmente. Você é boa como amiga, como namorada, como mãe, como psicóloga, como vendedora de roupas, como recrutadora, treinadora de pessoas, cozinheira. Mas a insegurança que você sente faz duvidar disso tudo. É isso que eu vejo" – ele concluiu.

Achei tão preciosa essa troca, porque ele mostrou que os meus medos aparecem e interferem em todas as áreas da minha vida, inclusive em coisas simples como cozinhar. Eu não sei se eu tinha ideia do quanto isso era perceptível a ele, muito menos a proporção que os meus medos têm na minha vida.

Mas que medos são esses? Que insegurança é essa? Assim, entramos na segunda parte que foi quando parei para mergulhar na minha infância e surgiram várias cenas que me trouxeram essa compreensão.

Recordo-me de algumas vezes estar me arrumando para ir à escola, o que eu adorava fazer, e de ser muito questionada: "Quem você pensa que é?". Seguida da afirmação: "Olha lá a Patricinha do Jovino". Jovino era o nome da escola em que eu estudava. Uma escola pública, na qual aconteciam muitas brigas na saída dos alunos. A escola tinha fama por isso e eu sentia que estava sendo ridicularizada quando era chamada de "Patricinha do Jovino". E eu tinha medo de ir à escola, tinha medo de apanhar. Sentia-me desprotegida porque não sentia que tinha alguém para me defender e ainda me sentia diminuída por ser questionada sobre quem eu era.

Também me lembro de ouvir muito "quem você pensa que é?" quando pedia para algum familiar ir me buscar ou me levar de carro nessa mesma escola, pelo mesmo motivo: medo de apanhar. Muitas vezes atrasava de propósito, só para não terem outra escolha. Mas eu ouvia tanto depois que eu era metida, mal sabiam o tanto de medo que tinha por trás. Poucas pessoas estão dispostas a ouvirem o que uma criança sente. E no meu contexto isso era mais intenso – quem eu pensava que era para falar, pensar ou sentir alguma coisa.

Ouvia essa mesma frase quando pedia um material escolar novo. Quando queria fazer parte de uma excursão ou passeio da escola. Quando desejava alguma coisa nova. Quando queria sair com as amigas. Quando queria fazer alguma atividade no clube do qual já éramos sócios. Quando desejei fazer alguns cursos e faculdade. Quando falava minha opinião sobre alguns assuntos.

Quando não ouvia "quem você pensa que é", sentia falta de frases de encorajamento, de confiança, de afeto. Esse silêncio pode ser tão ensurdecedor quanto o barulho do eco da frase.

Eu sempre me senti muito mal compreendida. Muito julgada. Pouco consultada e considerada.

Hoje, fazendo o movimento de me enxergar pequenininha, totalmente imatura, fico imaginando o quão conflituoso e impactante foi na construção da minha identidade ser questionada sobre quem eu era. Afinal, "Ué, eu não sou a Ariane? Isso não basta?", "Não sou uma pessoa? Uma pessoa que tem desejos, que tem vontades próprias, que tem pensamentos e sentimentos?".

E, por muito tempo, acredito que fiquei buscando correr atrás de uma resposta para essa pergunta. Corri. Corri muito atrás de tentar provar que eu era alguém. Duvidei muito de mim. Das minhas escolhas. De modo inconsciente, buscava muita aprovação e reconhecimento nos almoços de domingo em família.

Conquistei muito. Mas a muito custo. Com muito medo, em silêncio e sozinha. Por meio dessa frase que tanto ouvi, introjetei uma crença de que está sempre faltando algo em mim, de nunca estar suficientemente bom o que eu faço, de sempre precisar de algo a mais. Na alma, formou-se uma ferida da incapacidade. A insegurança é algo que se faz presente e que se transforma em autoexigência e autocrítica.

Se hoje conto tudo isso aqui a vocês, é porque tenho consciência do que aconteceu na minha infância e como isso se desdobrou na minha vida, e esse é o primeiro passo de um processo de autoconhecimento: colocar luz na escuridão.

Agora, sigo trabalhando nos próximos passos de me acolher, de acomodar tudo o que faz parte da minha história, mas que não define quem eu sou. O que interpretei lá trás não é o que é. E eu provo isso, principalmente a mim, escrevendo o capítulo deste livro.

Quem penso que sou? Eu sou a Ariane, e cheguei até aqui por alguns motivos, entre eles a minha capacidade.

Espero que meu relato inspire você a nomear o que tem aí em seu interior. Então, eu faço o convite para se perguntar:

Você é livre para ser o que quer? Ou segue conectado ao que acredita que pensam e esperam de você?

Autoconhecimento é o caminho. Não se engane, crescer dói, mas liberta.

07

NÃO RIA MUITO HOJE, PORQUE VOCÊ PODE CHORAR AMANHÃ EM DOBRO

Neste capítulo, divido com você, leitor, pai, mãe, familiar, o quanto essa frase impactou a minha vida e como consegui transpor esse olhar para viver de modo mais leve, permitindo a risada solta, sem o peso do dia seguinte.

BEATRIZ MONTENEGRO

Beatriz Montenegro

Apaixonada pelo poder transformador da família, do quanto uma criação impacta a vida emocional e física de um ser humano. Educadora parental, pedagoga e neuropsicopedagoga clínica e inclusiva. Apaixonada pelo ser humano e por todo seu potencial de transformação. Grata por ser mãe do Benício e encantada pelas possibilidades de transformação que a maternidade me trouxe e me traz diariamente. Palestrante, terapeuta e orientadora de famílias por meio do conhecimento da neurociência do desenvolvimento e dos pilares do apego seguro. Formada pela Escola da Educação Positiva e pelo API em Apego Seguro. Coordenadora dos livros *Soft skills kids* e *Soft skills teens*, pela Literare Books International.

Contatos
bertolino.bia@gmail.com
LinkedIn: Beatriz Montenegro Bertolino
Instagram: @biamontenegro.oficial

Começo contando quando ouvi a frase pela primeira vez. Estava andando de ônibus com a minha avó, eu devia ter uns seis anos; minha irmã, Mariana, três anos mais nova que eu, dormia no colo da minha avó. Era domingo pela manhã, estávamos indo à igreja, fazíamos isso, eu acho, com certa frequência, e confesso que eu adorava.

Minha avó me contou que ela ouvia muito isso quando criança e percebia que isso a travava. E eu, curiosa, pedi exemplos e ela me deu alguns. Todos marcantes para mim! Quero trazer uma pausa importante, minha avó me contou como uma experiência pessoal; ela não me ameaçou, porém, diante do relato da honestidade emocional com a qual dividia comigo sua história, comecei a acreditar nessa crença limitante e percebo que ela ecoa em mim ainda.

Nós descemos do ônibus e nada mais me lembro daquele dia, porém me lembro de, em momentos de muita alegria quando pequena, relembrar a frase e a cena de minha avó. Nossa memória é impressionante, algumas situações ficam escondidas num lugar que nunca acessaremos; outras memórias, o nosso corpo lembra, pelas sensações; outras, lembramos como se tivesse acontecido muito recentemente. No caso desta cena, lembro-me assim, com essa riqueza de detalhes.

Quero deixar claro que não estou trazendo à minha avó, ou a meus pais, a culpa pela forma como li, recebi e me apropriei de cada frase que disseram, mas que cada adulto é responsável pelo que diz e que não possui controle sobre como a criança fará a leitura da frase dita.

A responsabilidade que o adulto tem em relação à criança não é discutível, mas quando pensamos nas frases que dizemos por aí e muitas vezes geram impacto, tornar isso consciente nos ajuda. Talvez você tenha escutado essa frase como eu e não a observe martelando no seu mundo interno; talvez você nunca tenha escutado, porém o que observo em mim e, em meus atendimentos, é que muitos adultos possuem a dificuldade de desfrutar a vida, de aproveitar, de curtir mesmo.

O desfrute em nossa sociedade nunca foi visto com bons olhos, parece que só o trabalho incessante, desgastante, estressante tem valor; agora, desfrutar a leveza, a alegria, o riso solto é não estar aproveitando verdadeiramente a vida, é ser displicente e negligente. Você já sentiu isso?

Atualmente, muitos profissionais da área da saúde mental vêm estudando a nossa geração, e dizem que a maior dor é a produtividade, que a nossa geração adulta entendeu que devemos ser muito produtivos, e isso é extremamente valorizado. Quando uma ação é valorizada e eu a realizo, consequentemente me sinto amada.

Por muitos anos, a necessidade de aproveitar os bons momentos com certa atenção foi presente em minha história. Quando percebi, e percebo atualmente que não me permito desfrutar, lembro-me da frase, acolho o meu medo do que está por vir, noto o quanto infantil ele é e, aos poucos, me permito rir, sorrir, aproveitar, descansar.

Quero contar como esses processos acontecem em nossa mente. Laura Gutman (2013), autora de diversos livros, nos traz que quanto a uma vivência, seja ela boa ou ruim, acontecida na infância, período em que o adulto nos ajuda a compreender o mundo e as situações, cada criança faz uma leitura, tira uma compreensão do que viveu. Dessa compreensão realizada, tomamos uma decisão: se foi bom, quero continuar; se não, nunca mais quero sentir. E, a partir daí, tomo uma atitude para manter o meu bem-estar, a minha sensação de proteção e segurança. Isso acontece com todos os seres humanos. Esse processo é cíclico. Para resumir, vivo uma situação, compreendo-a de alguma maneira; da compreensão vem a formação da crença e, dela, uma decisão, uma atitude é gerada.

Quero propor um momento prático e faremos essa roda ao contrário. Você tem a crença de que desfrutar é errado, de que não é digno desse tempo, de que tempo bem gasto é tempo produzindo. Enfim, vamos pensar na atitude que você tomou.

Se eu tomo a atitude de que só posso descansar quando estou dormindo, de que devo sempre estar produzindo, trabalhando, arrumando a casa, as crianças, provavelmente entendi na minha infância que quem desfruta da vida, quem aproveita o riso, boa pessoa não é, não é trabalhadora. E aí hoje você vive em cima da sua decisão, que é de ser digna, digno.

Essa decisão veio de algo que você viveu e que compreendeu dessa maneira. Assim foi comigo, ouvi tantos exemplos da minha avó que hoje, quando me vejo rindo, ou me vejo muito feliz, ou com a vida boa (sinto medo só de escrever), me parece que algo de ruim virá em breve e, internamente, sinto um medo danado, uma pressão, e entro num estado de alerta. De onde será que vem esse problema? Preciso ficar atenta para evitá-lo.

Por isso, escrevo para você, adulto, pai, mãe, tio, professor; enfim, todos nós, em algum momento, vamos conviver com uma criança. A fala de uma mãe, de um pai é sempre muito importante, já que é nessa relação que aprendemos sobre amar e sermos amados, sobre pertencer, sobre respeito. Porém, todas as relações podem marcar uma criança, e aqui entra novamente a nossa responsabilidade, o nosso olhar atento e consciente sobre aquilo que ouvimos, que acreditamos e as decisões que tomamos.

Existe uma frase do Jung, que diz que algo que está inconsciente, se não se tornar consciente, nós seremos guiados por isso. Assim é!

Se eu ouvi frases e tomei decisões sobre elas, e hoje minha ação não é consciente, minha ação está no nível inconsciente, e sou guiada por esse mundo interno que não tenho acesso. Nesse ciclo, acabo transmitindo valores e crenças aos meus filhos, e eles tomarão suas decisões.

Talvez você esteja se perguntando: como eu posso mudar? O que eu posso fazer hoje pelo meu filho?

Esse é um lugar comum da gente habitar, e meu convite é que você, antes de pensar em seu filho e sobre como ele leu frases já ditas, mergulhe em si, na sua história, naquilo que te impacta diariamente. Quais são as suas travas? Quais são as situações que não consegue aproveitar?

Do que você se sente merecedor e não desfruta?

Existe um caminho que as pessoas utilizam, pensar nos filhos, antes de pensar nelas. Talvez para o frio e a fome, isso pode fazer algum sentido, mas para as relações, as trocas, as memórias afetivas, os traumas, não.

Criar uma criança sem cuidar de nós é se manter sendo guiado pelo inconsciente, pelo que não vejo, mas sinto e me move diariamente.

Voltando nesse caminho de como conduzir esse processo, oriento que primeiro se observe, tenha um olhar atento e de compaixão com você, suas frases, decisões, histórias. Abrace-se!

Conforme esse processo vai acontecendo, se torna seu, visto, conhecido e, a partir daí, você poderá modificar.

Hoje, quando percebo que esse "medo" de aproveitar toma conta de mim, me acolho e me permito, vou lá e aproveito, nem sempre com a leveza ou a tranquilidade que eu gostaria, mas sempre vou. Porque está consciente, é possível de ser transformado.

No meu maternar, essa frase também ecoa e sabe como: quando vejo meu filho cuidando pouco dos brinquedos, quando percebo que ele brinca de maneira intensa e parece que tudo vai quebrar, tudo vai se perder. Por dentro, um vulcão entra em erupção e minha vontade é de mostrar que ele tem que valorizar, que não deve desfrutar de nada com aquela intensidade.

Talvez você esteja pensando: se ele quebrar os brinquedos, a minha sensação é de que destruirá tudo, porém até hoje isso nunca aconteceu.

Se eu entro nesse vulcão, tendo a ser violenta e transfiro a minha dor para ele, mesmo que eu não fale a frase: "Não brinque assim, vai brincar hoje e ficará sem amanhã!".

Se você deseja interromper esse ciclo, convido você a fazer o processo que orientei acima. Primeiro, observar-se; depois, pare de falar; aos poucos, ressignifique, observe que a dor é nossa, do adulto, da nossa história, que os nossos filhos são livres para construírem histórias, relações e, quanto mais amorosos, presentes e conectados a nós e a eles estivermos, mais felizes poderão ser.

Referência

GUTMAN, L. *O poder do discurso materno: introdução à metodologia de construção da biografia humana.* São Paulo: Ágora, 2013.

08

VOCÊ É INDEPENDENTE

Essa foi uma frase ouvida a vida inteira por Juliana. Sempre falada de maneira carinhosa para expressar coisas boas de sua pessoa, e ela sempre se orgulhou de ser considerada independente. Porém, ao perceber que algumas coisas de sua vida estavam se repetindo com seus filhos pequenos, e que essas coisas não eram tão boas quanto ela acreditava, decidiu mudar.

DANIELE ARAUJO FERRARO

Daniele Araujo Ferraro

Formada em Ciência da Computação e Pedagogia, pós-graduanda em Neuropsicopedagogia e Educação Positiva, pela Escola da Educação Positiva. Após 15 anos de experiência na área de TI, ingressou na área de pedagogia como atelierista e se especializou em educação positiva para proporcionar uma educação respeitosa a seus alunos. Atualmente, também trabalha com orientação parental para pais e profissionais da área da educação.

___

Contato
daniele.a.ferraro@gmail.com

Daniele Araujo Ferraro

J uliana cresceu ouvindo que, desde muito pequena, sempre foi muito independente, e sempre sentiu muito orgulho disso. Ouviu essa mesma frase de muitos familiares, tios, tias, primos, e até vizinhos, e sempre de maneira muito carinhosa.

Sua recordação era que ela sempre foi muito bem na escola, com as notas e na parte comportamental, nos cursos extra-curriculares, sabia administrar o pouco dinheiro da mesada que recebia, dava-se bem com os amigos, não era de confusão e, no geral, "obedecia" aos pais.

Quando cresceu, formou-se na faculdade, arrumou um bom emprego, casou-se e, depois de alguns anos, teve filhos. Apesar dos pequenos problemas do dia a dia, parecia sim ter uma vida muito boa, cheia de realizações, alegrias e, claro, sempre conquistando tudo de maneira independente.

Já com sua casa e sua nova família formada, também sentia muito orgulho por dar conta de tudo sozinha, da casa, do trabalho, das crianças. Ela não tinha vergonha de pedir ajuda para quem fosse, entretanto isso raramente acontecia. Ela se desdobrava em muitas para não ter que pedir ajuda, fazia o que fosse preciso para cuidar de tudo sozinha, dormia pouco para manter a casa arrumada, deixava de comer para levar e buscar as crianças onde fosse preciso, deixava de cuidar da sua saúde (ir ao médico ou fazer exercício físico) para priorizar sempre a família e, para ela, estava sempre tudo bem, não se arrependia das coisas que fazia e não se achava sobrecarregada.

Com o passar do tempo, as crianças foram crescendo e os desafios da maternidade começaram a se tornar maiores e mais intensos.

Certa vez, quando seu filho estava com aproximadamente três anos de idade, em meio a uma crise de "birra", ou uma desregulação neurológica, ela o deixou no quarto para "pensar em suas atitudes", aquele famoso "cantinho do pensamento" que acreditava ser muito eficaz, e que realmente no começo "funcionou bem", sobre o qual aprendeu quando adolescente assistindo aos famosos programas de TV que prometiam auxiliar nos comportamentos desafiadores das crianças. Até que, de repente, ouviu da sala o filho gritar no quarto e foi correndo ver o que estava acontecendo. Ao chegar mais perto, ouviu-o falar palavras de ódio, dizendo que queria sumir daquela casa.

Na hora, ela ficou extremamente assustada e desacreditada, pois não entendia como uma criança de três anos pudesse pensar ou falar aquilo. Mas ela não conversou com ele sobre o que ouviu, pois precisava pensar sobre tudo aquilo.

Como era um hábito colocá-lo no cantinho do pensamento, quando aconteceu uma nova crise, ela seguiu a mesma rotina com a qual era acostumada e colocou-o novamente para pensar. Porém, desta vez, ficou atrás da porta para ver se a mesma reação da vez anterior aconteceria. Novamente, o filho, com muita raiva, repetiu as mesmas palavras dizendo que odiava aquela casa e queria ir embora dali.

Estar inconformada em ver uma criança tão pequena, que para ela era muito amada e feliz, e que não conhecia os perigos da vida, já pensar em sair de casa; isso a deixou sem chão.

Como uma pessoa muito independente, ela foi sozinha buscar por informação sobre o que poderia estar acontecendo com seu filho e qual caminho seguir nessa jornada para tentar reverter esse pensamento infantil.

Rapidamente, extinguiu o cantinho do pensamento e começou a tentar passar para seus filhos valores que sua família tinha e que ela acreditava que eram bons para eles também. Com pequenas mudanças dentro de casa, foi possível perceber que aquelas falas reproduzidas em momentos de raiva não eram mais repetidas e isso lhe deu esperança e força para seguir nesse novo caminho na criação dos seus filhos.

Quanto mais estudava sobre o desenvolvimento infantil, mais ela pensava sobre as palavras que seu filho reproduzira um dia, e isso lhe trouxe uma recordação, outra citação que também ouviu muito quando decidiu sair de casa, de que ela também falava que queria sair de casa e morar sozinha desde muito pequena, e que falava isso porque era muito independente.

Quando ela parou para refletir o que ouviu a vida inteira sobre si e comparou com a situação do filho, começou a pensar que uma criança de cinco anos não quer morar sozinha nessa idade por ser independente. Uma criança tão pequena, por mais que seja autônoma, não é independente; essa criança pensou em sair de casa porque algo não estava bom, e não porque ela era de fato independente.

Com o passar do tempo e os novos conhecimentos adquiridos, as dificuldades da maternidade mudaram, a sobrecarga física aumentou consideravelmente e ela nunca se deixou abater. Algumas coisas deixaram de ser tão importantes e novos desafios que a maternidade apresentava se tornaram prioridade, porém ela seguia forte dando conta de tudo com a frase que sempre a motivou em mente, a frase que falava sobre sua independência.

Até que um dia sua mãe, que sempre lhe oferecia ajuda com tudo e que ela, na maioria das vezes recusava, falou que ela era muito orgulhosa por nunca aceitar a ajuda nem mesmo quando estava doente, que ela não precisava dar conta de tudo sozinha e que, um dia ela, poderia adoecer gravemente se continuasse naquele ritmo.

Foi aí, então, que ela começou a refletir sobre sua vida. Aquela frase que lhe trazia tanto orgulho quando reproduzida por outras pessoas poderia ter tido um impacto não tão positivo na sua vida. Aquela frase boa de se ouvir, que fortalecia seu ego, aumentava sua autoestima e dava força nos momentos mais difíceis de sua vida, será que foi tão inspiradora assim?

Nos momentos bons, todos sempre repetiam a frase demonstrando orgulho; nos momentos ruins, nos quais ela mais precisava de apoio, a mesma frase era repetida. Acontece que, com o tempo, ela deixou de compartilhar os acontecimentos ruins, em que precisava de apoio, para lidar da maneira que uma pessoa independente deveria lidar.

Momentos de *bullying* e ameaças recebidas na escola, relacionamentos abusivos com namorados, assédios de colegas de trabalho e até mesmo abuso sexual.

Quando teve seu primeiro filho e viu a realidade da maternidade, com todas as alegrias, mas com as dificuldades do dia a dia, como a amamentação, a privação de sono, a organização da casa com um bebê tão pequeno e dependente, a alimentação adequada e o cuidado consigo mesma, ainda assim ouviu de pessoas muito queridas que ela sempre foi muito independente e, por isso, não precisava da ajuda de ninguém. E ela realmente não pedia ajuda a ninguém, nem mesmo a seu marido.

Ao final da licença-maternidade, ela conciliava a nova fase com o filho, os cuidados com a casa e o trabalho na empresa sem grandes pedidos de ajuda, e se orgulhava quando ouvia das mesmas pessoas queridas que ela sempre foi muito independente e que daria conta de tudo sozinha.

Quando sua mãe falou sobre a ajuda que ela raramente aceitava e, ao pensar em todos os momentos marcantes de sua vida, começou a se questionar se realmente era tão independente como todos falavam e se isso era, de fato, uma coisa boa.

O sentimento de orgulho foi diminuindo e muitas questões surgiram na sua mente. O peso de ser uma criança independente desde muito pequena a trouxe também a carga de não precisar de ajuda para resolver os seus problemas, seja uma ajuda física ou emocional, ou até mesmo para auxiliar em tarefas rotineiras do dia a dia que pudessem ser compartilhadas com outras pessoas.

E em meio a um mix de sentimentos e questionamentos, ela reparou que estava fazendo a mesma coisa com seu filho. Um menino que sempre foi autônomo, que sempre buscou aprender a fazer as coisas sozinho, sempre disposto a ajudar a todos e raramente aceitava ajuda.

Ela se viu repetindo as mesmas falas que se orgulhava de ouvir sobre sua pessoa para seu filho, também percebeu que as mesmas pessoas que sempre a chamaram de independente estavam fazendo a mesma coisa com ele. O mesmo peso que ela recebeu a vida inteira estava sendo passado para seu filho da mesma maneira.

Foi assim que, então, ela se dedicou a quebrar o ciclo, buscou ainda mais conhecimento e informação para que seus filhos não passassem pelos mesmos desafios que ela passou a vida inteira.

09

VOCÊ NÃO TEM MOTIVOS PARA CHORAR! A SUA VIDA É MARAVILHOSA! EU FAÇO TUDO POR VOCÊ

Este capítulo tem como objetivo trazer uma reflexão sobre o que estamos falando e o quanto o que nós escutamos ao longo da nossa infância está se manifestando de alguma maneira na nossa vida adulta, seja em nosso comportamento ou em nossas palavras. Um olhar gentil e acolhedor sobre o ato de chorar. Pode chorar, está tudo bem!

DANIELLE RODRIGUES

Danielle Rodrigues

Psicoterapeuta e orientadora parental, com pós-graduação em Neuropsicologia, formada em Psicanálise Clínica. Formação em Análise de Perfil Comportamental Infantil (Cis Assessment) e em *Coach* Integral Sistêmico pela FEBRACIS, reconhecida como uma das maiores escolas de *coach* da América Latina. Certificada em *Coaching* Parental e Disciplina Positiva. O maior diferencial é ser mãe, viver na prática uma parentalidade com mais autoperdão e conexão. Tem como propósito ajudar diariamente outras mulheres ao redor do mundo a acolherem traumas e dores emocionais, potencializarem o autoconhecimento e a identidade, para, então, exercerem uma maternidade com mais acolhimento, clareza, consciência e intencionalidade, pautada no autoperdão e na neuroafetividade.

Contatos
terapiaeparentalidade@gmail.com
Instagram: @terapiaeparentalidade

Danielle Rodrigues

Querido leitor(a), quero dizer que este capítulo tem como objetivo a reflexão, e nunca a acusação. Eu e você estamos fazendo o melhor que podemos com o que temos, assim como nossos pais, avós, bisavós, e por aí vai fizeram o melhor que podiam com o que tinham. Feito isso, vamos começar a nossa reflexão.

É bem provável que você já tenha ouvido a seguinte frase: "Você não tem motivo nenhum para chorar! A sua vida é maravilhosa e eu faço tudo por você!". Vamos conversar um pouquinho sobre ela: "Você não tem motivo nenhum para chorar". Quem disse que precisamos ter algum motivo real, algum motivo aparente para chorarmos? Podemos e devemos simplesmente chorar sempre que sentirmos vontade e está tudo bem! Isso não significa que a vida não seja maravilhosa ou que estejamos insatisfeitos com alguma coisa ou alguém.

Por fim: "eu faço tudo por você". O fato de alguém fazer tudo por nós é impeditivo para chorarmos? Quando choramos, significa que estamos sendo ingratos? Ou não estamos reconhecendo e valorizando o amor, o cuidado e até os sacrifícios que os nossos pais fizeram por nós?

Possivelmente, a maioria dos nossos pais vivenciaram experiências muito desafiadoras, traumáticas e até mesmo uma escassez de alimento e/ou de amor. Naturalmente, essas experiências trouxeram aprendizados e, na maioria dos casos, geraram uma motivação para proporcionar algo diferente e melhor para as gerações futuras, uma evolução natural e necessária.

Mas quando essa evolução se tornou um "fardo", a ponto de, quem sabe, nos pegarmos falando ou termos escutado a frase: "eu faço tudo por você! E por isso, você não tem motivo nenhum para chorar". Querido(a) leitor(a), cada vez que uma pessoa está chorando, provavelmente, o que ela mais precisa é de um colo, de acolhimento e de palavras de aceitação.

E se ela escuta frases como: "você não tem motivo nenhum para chorar, a sua vida é maravilhosa", pode gerar o oposto à aceitação dentro de si, ou seja, ela tende a sentir repressão, gerando o sentimento de que chorar é errado, ou que é necessário ter um motivo para chorar.

Quando a frase vem acompanhada da outra: "Eu faço tudo por você!", pode piorar de vez o sentimento. A sensação tende a ser: "Estou errada em chorar, e ainda estou sendo ingrata com meus pais, que tanto me amam". A pessoa pode sentir que está errada duas vezes.

E frases como: "Sou uma péssima filha e péssima pessoa" podem vir a passar pela sua cabeça. E essas frases tendem a fragilizar a identidade, a autoestima e o amor-próprio. Frases como essa e outras: "Se eu chorar, estarei demonstrando ingratidão", "Tenho que me controlar, não posso demonstrar meus sentimentos para não magoar outras pessoas" vão sendo instaladas na mente, no inconsciente e, mais tarde, se manifestarão em comportamentos no dia a dia, sem se dar conta disso.

A maioria delas, é bem provável, nós nem iremos nos dar conta, uma vez que o nosso cérebro, por ser um órgão como outro qualquer, tem como função economizar energia, ou seja, automatizar comportamentos. Como estamos vivendo no automático, com pouca consciência e autoconhecimento, pensando e/ou analisando antes de agir, as frases ouvidas na infância ficaram registradas e estão se manifestando em comportamentos automatizados.

Nossos pais ouviram dos pais deles, nós ouvimos dos nossos pais e pode ser que estejamos repetindo para os nossos filhos; quem sabe, vivenciando um ciclo. A ótima notícia é: esse ciclo não precisa continuar, ele pode ser quebrado na nossa geração.

Nós estamos vivendo a geração do conhecimento, temos muito mais acesso à informação de qualidade e até de maneira gratuita do que nossos pais tiveram. Nunca se falou tanto em inteligência emocional, educação com empatia, firmeza com gentileza e educação neuroafetiva.

Com o conhecimento, temos a oportunidade e a responsabilidade de nos curarmos, de olharmos para nós mesmos e para a criança que ouviu na infância "Você não tem motivo nenhum para chorar, a sua vida é maravilhosa, eu faço tudo por você!" e falar para ela: "Está tudo bem você chorar. Eu estou aqui para te acolher", "Papai e mamãe passaram por muitos desafios na infância e são gratos por poder proporcionar algo melhor do que eles tiveram para você".

Se até hoje não olhou para a sua criança interior, provavelmente, ela está ferida, gritando, quem sabe até sangrando, dentro de você. E ferindo as pessoas ao seu redor, aquelas a quem mais ama. Quem sabe até seu próprio filho!

Eu atendo diariamente pessoas, na maioria mulheres, com a autoestima baixa, sobrecarregadas, tristes, frustradas, com a sensação de não saberem mais quem são, com dificuldade para controlar as emoções, no sentido do autocontrole e que se sentem culpadas por terem falado o que não queriam, ou por terem se comportado diferente de como desejavam, seja no casamento, na criação dos filhos, nas relações profissionais e consigo mesmas.

Meu convite para você é o mesmo que eu faço diariamente para elas: escute-se e acolha a sua criança interior, traga clareza e consciência acerca de si mesma, perdoe-se, seja gentil consigo mesma. Ame a sua criança interior, dê um abraço bem forte nela, diga que está tudo bem em expressar os sentimentos e emoções, fale que ela é incrível, única, especial e muito amada.

Depois disso, ouse quebrar o ciclo, ouse identificar traumas e dores emocionais, ouse tratar cada uma das suas feridas até se tornarem cicatrizes dentro de você. E para a criança do seu presente, que está na sua casa, ou a que você é responsável, fale somente palavras construtivas, acolha o choro, dê o seu ombro, dê o seu colo, seja intencional e ajude-a a se sentir amada, única, importante, necessária, encoraje-a a chorar sempre que sentir vontade, a expressar e a nomear sentimentos e emoções.

Eu te encorajo a buscar o autoconhecimento, a praticar o autoperdão, a autoaceitação, a procurar mudar o que necessário for na sua vida, independentemente das palavras que você tenha ouvido de maneira repetida durante toda a sua infância. Essas palavras não precisam continuar definindo o seu presente ou projetando o seu futuro, você pode quebrar esse ciclo, não precisa continuar alimentando a existência dele.

Permita-me contar uma história para vocês. Minha personagem é a Emily, que nasceu em um lar bastante disfuncional no sentido emocional. Sua mãe apresentou depressão pós-parto muito acentuada, a ponto de não ter condições emocionais de cuidar da filha recém-nascida.

Enquanto crescia, Emily vivenciou e presenciou situações de violência doméstica, seus pais se agredindo de maneira física e verbal, e sofreu alguns episódios de violência do seu pai, também de maneira física e verbal. Esses episódios, além de marcas físicas, deixaram marcas emocionais. Ela sentia dores físicas e emocionais quase que insuportáveis ao longo do seu desenvolvimento.

O quanto da Emily existe em cada um de nós? Quais foram os traumas? Quais palavras você escutou e o quanto elas marcaram você? Possivelmente, existe um pouquinho da história da Emily dentro de cada um de nós.

Para Emily, os traumas e as dores emocionais foram seus maiores motivadores a tomar uma decisão importante: casar-se, construir a própria família e fazer diferente, viver de maneira emocionalmente estável, entendendo o que aquilo significava na vida dela.

Perceba, querido leitor, que Emily tinha a autoridade sobre o que era crescer em um ambiente emocionalmente instável e a dor dela era também a sua autoridade. Ela, melhor do que ninguém, sabia o que tinha vivido e sentido em cada uma das muitas situações desafiadoras que aconteceram na sua casa.

Aqui está o nosso grande aprendizado. A sua dor, as palavras que você escutou, os episódios que presenciou são a sua autoridade, possibilitam a busca por fazer diferente. É possível que, assim como a Emily, só você saiba o que passou e como se sentiu diante de cada situação desafiadora ao longo da infância. Para a jovem Emily, as experiências se tornaram um combustível para determinar os próximos dias, para escrever a própria história. Emily tinha no coração a certeza de que seus pais fizeram o melhor que puderam, e que o papel dela era perdoar, acolher, ressignificar e escrever a própria história.

Se você carrega feridas emocionais do seu passado, acredite que elas são sua autoridade. Elas têm sido um combustível para você fazer diferente na própria vida. Ou você tem repetido padrões na comunicação verbal e não verbal? Ou vem culpando os pais ou seu responsável pelos comportamentos no presente? O quanto as palavras que escutou ao longo da sua infância e adolescência estão se manifestando hoje?

Se respondeu a cada uma das perguntas acima com atenção e sinceridade, seja de maneira mental ou escrevendo em um papel, parabéns! Você já começou a praticar a clareza e a consciência, ou seja, aprendeu a identificar o seu ponto de partida, a sua situação atual rumo a quebrar o ciclo, caso exista algum.

Agora, vamos fazer um exercício: comece a imaginar a sua vida perfeita. Como ela seria? Em qual lugar está? Quais pessoas estão com você? Qual roupa está vestindo? O que está fazendo? Agora que imaginou a sua vida perfeita, tenho outra pergunta: Por que você ainda não está vivendo essa vida?

Possivelmente, porque ainda não sabe o que fazer para conquistá-la. Ou seja, é provável que você precise de ajuda, assim como a jovem Emily. Querido leitor, você tem verdadeiramente buscado ajuda?

Há alguns meses, uma mãe me procurou em busca de ajuda. Ela me relatou que estava muito cansada e sobrecarregada. Ao conversarmos, ela repetiu as seguintes palavras: "Meus filhos não têm um motivo para reclamar, ou chorar, a vida deles é muito boa; eu faço de tudo por eles e, quando peço alguma coisa, não me ajudam".

Vou chamar esta mãe de Ana para preservar sua identidade. Ana estava visivelmente cansada, de maneira emocional e física. Ela apresentava uma frustração. Ao longo das nossas sessões, ela foi criando maior consciência e clareza. Identificamos que estava fazendo tanto por eles principalmente devido à escassez financeira que tinha vivido durante a infância. Ou seja, a sua dor estava sendo manifestada na vida adulta, gerando frustração e cansaço.

Eu e a Ana fomos trabalhando juntas, ressignificando crenças da infância, acolhendo a criança interior, identificando comportamentos atuais e propondo novos e melhores caminhos neurais. Durante as sessões, encorajei-a a buscar o equilíbrio financeiro dentro da realidade e dinâmica familiar de maneira que ela atendesse às próprias necessidades, mas que também tivesse disposição para amar cada um dos seus filhos na linguagem deles e não na dela.

Ana conquistou o equilíbrio da própria vida entre trabalho, dedicação e amor aos filhos e o seu amor-próprio. Passou a viver de maneira mais tranquila, aquela sensação de cansaço físico e emocional foi sendo eliminada da sua vida pela construção de um novo estilo de vida, mais abundante, sustentável e saudável.

Talvez, você tenha se identificado com Ana e esteja apresentando hoje um cansaço físico, mental e até espiritual. Se esse for o caso, está tudo bem em sentir-se assim, você pode chorar, coloque para fora o nó que está na sua garganta. Eu gosto muito da seguinte passagem bíblica: "O choro pode durar uma noite, mas a alegria vem pela manhã" (Salmos 30:5).

Por mais que o choro esteja forte agora, Deus tem algo para a sua vida. Te encorajo a recarregar a sua vida de maneira espiritual diariamente e, na primeira hora do seu dia, este é o conselho de Deus: "Buscai, em primeiro lugar o Reino de Deus, e Todas as outras coisas serão acrescentadas" (Mateus 6:33).

Querido leitor, mesmo que tenha vivido dores ou traumas na infância, situações desafiadoras, não é o fim. Você é capaz de ressignificar o seu passado, escrever uma nova história e viver uma vida abundante.

Em João 10:10, tem uma promessa para as nossas vidas: "Eu vim para que você tenha vida, e vida em abundância". Jesus morreu na cruz para que você tenha uma vida feliz e abundante em todas as áreas. Mesmo que haja desafios.

Pode ser que a jornada ou a sua história de vida traga momentos de desânimo. Acolha-se, chore, descanse, atenda a suas necessidades, mas não desista, continue seguindo rumo aos seus objetivos. Te encorajo a olhar para o passado, viver o presente como um verdadeiro presente e, assim, estará naturalmente projetando o seu futuro.

Se, ao longo da sua vida, identificar um ciclo, ouse quebrá-lo.

10

NUNCA VOU PODER PARAR DE ESTUDAR. SEM ESTUDO, NÃO SOU NINGUÉM

O início de uma vida é marcado por uma história. Às vezes, recheada de doces lembranças; outras vezes, com dores do coração. Esta história que vou contar é uma que acontece em um cenário de dor, mas também de amor. Então, como tudo na vida, dependerá do olhar que você, leitor, aplicará ao ler.

FABIANA NUNES RIBAS

Fabiana Nunes Ribas

Casada com Marcelo, mãe de dois filhos: Henrique e Isabela. Mestranda em Intervenção Psicológica no Desenvolvimento e na Educação, terapeuta de família, casal e individual. Psicoterapeuta transpessoal, educadora parental com ênfase em parentalidade consciente, com certificação em Disciplina Positiva emitida pela PDA Brasil, reconhecida pela Positive Discipline Association (EUA), certificada em criação consciente, especialista *parent coaching* em ferramentas de diagnóstico parental, formação em Psicologia do Puerpério, certificação em Sono e Apego Seguro. Pós-graduação em Educação Parental e Inteligência Emocional. Apaixonada por aprender, possui inúmeras formações na área de terapias integrativas, formação em Eneagrama da Personalidade e Instintos. Especialista em mapeamento da personalidade e seus motivadores, facilitadora do programa Educação Emocional Positiva, terapeuta emocional (T.E). Formando em Terapia Focada nas Emoções (TFE Brasil). Coautora de *Habilidades socioemocionais* (2021), box *Intenção de mãe* (2022), *Um diário de terapia de família e casal* (2022) e *Disciplina e afeto* (2023), pela Literare Books International.

Contatos
Instagram: @Fabianaribas.terapeuta
49 99146 7694

Vamos aos fatos: uma família, uma criança e um diagnóstico de leucemia. A partir daí, muitas internações e a busca de uma mãe obstinada para salvar a filha. Uma esperança, outro filho; então, uma gravidez.

A cura poderia estar em um transplante de medula, mas não deu tempo. Quis Deus, universo ou como preferir chamar, que a criança doente viesse a despedir-se desta existência quatro meses antes do nascimento do bebê, que poderia ser sua chance de cura.

Então, em 28 de dezembro de 1981, nasceu uma menina, forte, saudável, mas em meio ao luto de uma mãe e da família.

Esse início de vida explica algumas das situações que ocorreram nesta história. Uma delas é mesmo em meio à dor de perder um filho. Esta mãe consegue se vincular com o bebê que chegou. A vinculação, de acordo com a teoria do apego, tem a própria motivação interna, vínculo afetivo se desenvolve a partir de uma disposição emocional do cuidador, que tem como preocupação atender não somente necessidades biológicas e físicas, mas também o bebê, contribuindo para o desenvolvimento das capacidades cognitivas e emocionais da criança.

O apego está intimamente ligado ao investimento parental. O autor também reforça a importância de os pais fornecerem uma base segura a partir da qual uma criança ou um adolescente pode explorar o mundo exterior; confortado, se houver um sofrimento, e encorajado, se estiver ameaçado. A consequência dessa relação de apego é a construção. O comportamento de apego é demonstrado a partir de ações básicas como o choro, o riso, a busca por aconchego e por contato visual. Já o vínculo de apego é revelado, principalmente, pela tentativa de proximidade com o cuidador e pelo protesto perante a separação.

A família se reorganiza em função desse bebê, proporcionando uma infância saudável na medida do possível. Isso muda um pouco no fim da segunda infância, por esta família ter uma leitura sobre a criança comum naquele momento: criança acima dos sete anos deve ter responsabilidades como adultos e, se não cumprir, deve e será punida. Esta visão vem de aspectos transgeracionais do próprio sistema, marcado pela baixa condição econômica e intelectual, como também pelo abandono emocional e, muitas vezes, social.

A fim de compreender o processo de repetição dos padrões de relacionamento em sucessivas gerações, a abordagem sistêmica propõe o conceito de transmissão transgeracional (BOWEN, 1978). Para Bowen, o nível de diferenciação de cada indivíduo, membro de uma família, determina a intensidade da repetição de padrões ao longo das gerações. Na opinião do autor, a transmissão dos padrões está intimamente relacionada ao processo emocional da família, tendo início antes mesmo de o indivíduo nascer (CELESTINO & BUCKER-MALUSKE, 2015).

E aí as coisas se tornaram mais difíceis. Havia várias cobranças, um distanciamento emocional e afetivo, as exigências incluíam fazer as atividades domésticas e ir muito bem na escola, a frase mais ouvida era: "Se não estudar, não será ninguém na vida".

Já podem imaginar, uma menina que, aos nove anos, era "gordinha", além de ouvir que não era possível alguém gostar de uma gordinha, também não poderia ser amada se não estudasse. Combinação perfeita para uma ótima decisão e elaboração de uma crença. Primeira decisão, "Vou estudar para não precisar de ninguém"; crença: "Nunca vou poder parar de estudar, porque sem estudo não sou ninguém".

Você pode pensar: o que há de ruim nisso? Estudar é ótimo e, sem dúvida, eu concordo, mas isso acarreta ansiedade e medo, quando é inconsciente. Se a crença não é atendida, automaticamente isso gera insegurança. Na adolescência até o início da vida adulta, isso foi fonte de muitas noites em claro e crises de ansiedade, uma angústia interminável quando não estava estudando ou tinha um baixo desempenho na escola ou na universidade, os pensamentos intrusivos tomavam proporções inimagináveis.

É importante observar que, quando uma crença assim se elabora, com ela vem também a sensação de que a pessoa não é vista ou amada, colaborando para maior sofrimento emocional. Ela passa a se sentir invisível e, ao mesmo tempo, indigna de amor, como punição por não atender ao solicitado pelo sistema familiar.

Dito isso, chamo você, leitor, para uma reflexão sobre o que se fala a uma criança, seja ela seu filho, aluno ou simplesmente de sua conveniência; palavras, frases e afirmações têm um poder sobrenatural sobre um cérebro/*self* em desenvolvimento. Muitas vezes, como adultos, a intenção é direcionar e orientar a criança, mas isso pode se tornar uma crença determinante na vida dessa pessoa.

De acordo com o Dicionário Michaelis (on-line), "crença" tem diversos significados, que vão do ato de crer em alguma coisa, passando por alguma ideia religiosa partilhada por muitas pessoas (que, por sua vez, representa uma fé ou credo) e, ainda, certeza ou convicção, tratando-se de algo em que se acredita e se tem por verdadeiro; a convicção sobre a veracidade de alguma afirmação, ou sobre a realidade de alguma coisa ou ser, mesmo sem se ter provas, e outras variantes das explanações acima.

Sim, uma crença é algo em que se crê. Até aí, a questão é aparentemente simples. O substantivo "crença", quando devidamente ponderado e aprofundado, leva para o âmago de sutis e importantes distinções de molde cultural que, de fato, representam a essência antropológica, a maneira de enxergar o mundo, a vida e o ser humano; enfim, a peculiaridade dos povos que habitam esse planeta.

A definição mais simples, listada acima, a partir do Dicionário Michaelis, é crença enquanto convicção. Quando uma pessoa afirma: "eu nunca vou conseguir fazer isso", "os homens são todos iguais", "só encontro mulheres que não prestam", "não mereço o amor de ninguém" ou "eu sempre chego atrasado em todo canto", apenas para exemplificar, são crenças, ou seja, convicções que limitam o desenvolvimento pessoal.

Inadequação, sentimento de incapacidade, de não merecimento, de inferioridade são crenças limitantes e elas atrapalham a vida das pessoas. Mas de onde surgem tais crenças? Vamos a alguns fatores que geram as crenças limitantes, traumas ou situações de forte impacto emocional, repetição de questões transgeracionais.

Proponho um exercício simples: pense em tudo o que ouviu em sua infância sobre você, a vida e as relações. Agora, pense como isso hoje impacta decisões, ações e parentalidade. Isso mesmo, nossa ação adulta é um reflexo da percepção que nossa criança internalizou na infância, nossas crenças são geralmente nosso mapa de mundo para as relações que estabelecemos conosco e com o outro.

Este texto é sobre a importância de se repensar as ideias, crenças limitantes que entregamos às crianças por meio de falas cheias de boas intenções. O livro infantil *A cidade dos carregadores de pedras*, de Sandra Branco, é uma sugestão de leitura simples e cheia de significados sobre as crenças "pedras" que entregamos às pessoas com as quais convivemos e amamos.

Por exemplo: a crença que compartilhei sobre estudar. Os pais tinham a ideia de que incentivar os filhos ao estudo seria o melhor caminho e, de fato é, mas se feito sem a devida atenção e cuidado, pode gerar outras situações emocionais delicadas.

Nesse caso em específico, gerou uma compulsão pelo estudo, e o refúgio mental sempre foi uma busca de conhecimento constante para obter um alívio emocional. É necessário entender como a fala de pai e mãe têm poder sobre a construção de um ser.

A família é a primeira escola de vida. Dessa forma, tudo que é entregue a uma criança em palavras ou ações tem um impacto determinante positivo ou negativo. Assim, a tomada de consciência sobre a parentalidade pode minimizar os danos. Será mais difícil não cometer erros, pois somos humanos em aprendizado, mas é possível diminuir o reflexo deles na vida adulta de nossos filhos.

O convite deste capítulo é uma reflexão sobre a ação como pai e mãe para que, em um futuro próximo, nas gerações futuras, os traumas, as limitações e as dores emocionais sejam menores, substituídas por boas lembranças, encorajamento, saúde mental e, principalmente, por aceitação e amor-próprio.

Referências

ABREU, C. N. *Teoria do apego: fundamentos, pesquisas e implicações clínicas*. São Paulo: Casa do Psicólogo, 2005.

BOWLBY, J. *Formação e rompimento dos laços afetivos*. São Paulo: Martins Fontes, 2001.

BUCHER-MALUSCHKE, J. S. N. F. Do transgeracional na perspectiva sistêmica e transmissão psíquica entre as gerações na perspectiva da psicanálise. *In:* Penso, M. A. & Costa, L. F. (Orgs.). *A transmissão geracional em diferentes contextos: da pesquisa e intervenção*. São Paulo: Summus, 2008.

CELESTINO, V. R. R.; BUCHER-MALUSCHKE, J. S. Um novo olhar para a abordagem sistêmica na psicologia. *FACEF Pesquisa: Desenvolvimento e Gestão,* 18(3), pp. 318-329.

MICHAELIS moderno dicionário da língua portuguesa (on--line). Disponível em: <https://michaelis.uol.com.br/busca>. Acesso em: 10 jun. de 2023.

11

FIZ ISSO PRO SEU BEM

Este capítulo reflete sobre as necessidades humanas universais que nos impulsionam a fazer o que fazemos. Também discorre sobre a intenção e o impacto de nossas ações e sugere uma forma de tentar reparar os impactos indesejados.

GRACE DECKERS

Grace Deckers

Mediadora de conflitos, formada pela Associação Palas Athena. *Coach* certificada por Arnina Kashtan, criadora da abordagem A Bússola. Trabalha como mediadora no setor privado e no Centro Judiciário de Solução de Conflitos do Fórum de Santana (São Paulo – SP). Facilita técnicas de mediação e comunicação não violenta (CNV). Autora de conteúdos de CNV que integram livros e guias destinados a profissionais de saúde. Dentre eles: *Humanidades – o profissional de saúde como ser humano*, volume I, *Gestão em UTI pediátrica e neonatal*, *Guia prático de terapia intensiva pediátrica*. Tradutora, para o português, dos livros *Linguagem da paz em um mundo de conflitos*, de Marshall Rosenberg, e *Comunicação não violenta na equipe: um guia para fomentar colaboração e relações de confiança*, de Ike Lasater. Revisora da tradução do livro *Comunicação não violenta no trabalho: um guia prático para se comunicar com eficácia e empatia*, de Ike Lasater. Graduada em Arquitetura e Urbanismo pela USP.

Contatos
gracedeckers@gmail.com
Instagram: @cnvgrace
11 99986 8882

A linguagem é muito poderosa. A linguagem não descreve apenas a realidade. A linguagem cria a realidade que descreve.
DESMOND TUTU

"Fiz isso pro seu bem." Essa era a resposta da minha mãe quando eu demonstrava insatisfação com as ações dela. Podia ser uma ação relativa ao fato de me forçar a comer, mesmo quando eu já estava saciada. Ou podia ser uma agressão física ou verbal como reação a um comportamento meu que a desagradara.

Intenção e impacto

Não tenho dúvida de que minha mãe estava tentando zelar por minha saúde, garantindo uma nutrição que ela considerava adequada. No entanto, a imposição de comer afetava meu senso de autonomia, sentido, consideração e até saúde física e mental.

A frase "fiz pro seu bem" me deixava confusa e frustrada, porque não me trazia clareza e sentido. Ela continha uma mensagem implícita: "Assunto encerrado, aceita que dói menos". Isso não deixava espaço para eu poder me expressar e ser escutada.

Em retrospectiva, acredito que gostaria de ter dito algo como: "Por que tenho que comer a quantidade que você decide e não a que o meu corpo sinaliza? Por que tudo o que diz fazer pro meu bem – gritar, bater, ignorar meus sentimentos – dói em mim?".

Comunicação não violenta (CNV)

Os valores que motivavam as ações da minha mãe – cuidado, saúde – e os que ficavam inadvertidamente negligenciados – sentido, autonomia, consideração etc. – são o que a CNV chama de necessidades. Todos os seres humanos compartilham as mesmas necessidades e, por isso, quando as consideramos, elas têm o grande potencial de contribuir para uma compreensão compassiva. Saúde, por exemplo, é algo que minha mãe desejava para mim e que eu também valorizo.

Muitas vezes os conflitos podem surgir quando as estratégias que atendem a nossas necessidades não consideram as necessidades do outro.

A CNV, abordagem criada por Marshall Rosenberg (2021), propõe que deixemos de lado o "jogo do quem tem razão", no qual prevalece o paradigma do certo versus o errado, e adotemos o "jogo do tornando a vida mais plena". Nesse jogo, buscamos responder a duas perguntas: "O que está vivo (sentimentos e necessidades) em mim e no outro?" e "Como podemos cuidar disso?". No campo das necessidades, não há certo ou errado.

A violência, na perspectiva da CNV, é qualquer ato que causa um dano intrapessoal, interpessoal ou sistêmico – uma autocrítica, um sorriso não retribuído, discriminação estrutural etc. O dano pode ser entendido como necessidades desatendidas. Embora não seja possível prever o impacto, a CNV propõe uma conscientização das qualidades da intenção, expressão e escuta que diminuem a chance de causarmos danos.

Segundo essa abordagem, todas as nossas ações visam atender a necessidades. Ao dizer "eu fiz isso pro seu bem", minha mãe talvez estivesse tentando encerrar o assunto para dar conta dos cuidados parentais com mais fluidez e eficiência. Ou, quem sabe, ela quisesse preservar a nossa conexão, tentando evitar um conflito ou esclarecendo a sua intenção de contribuir para o meu bem.

Há outra frase conhecida que também visa atender a essas mesmas necessidades: "Manda quem pode, obedece quem tem juízo". Essa frase espelha uma dinâmica chamada pela CNV de "poder sobre". Nessa dinâmica, o adulto faz sua vontade prevalecer por meio de estratégias derivadas da cultura de dominação. Tais estratégias levam a pessoa subjugada a se submeter por medo ("Se não comer tudo, vou pôr você de castigo"), culpa ("Você me deixa triste quando deixa comida no prato"), vergonha ("Tanta criança passando fome e você fica deixando comida no prato") ou promessa de uma recompensa ("Se comer tudo, vai poder ver TV"). Dessa forma, a criança pode ir perdendo a confiança e até a esperança de que seus sentimentos e necessidades possam ser considerados e cuidados pelo adulto. Isso pode levá-la a deixar de expressar seus sentimentos e necessidades ou passar a nem os perceber.

Quando nos desconectamos dos nossos sentimentos e necessidades, podemos acabar nos acostumando a deixar de lado o que tornaria a nossa vida mais plena e nossa existência pode perder a vitalidade e o sentido. Isso potencialmente leva a quadros de depressão, distúrbios alimentares, *bullying*, doenças psicossomáticas etc.

Alguns educadores (pais, professores) podem achar desafiador encontrar o equilíbrio entre conceder liberdade e estabelecer limites. Para a CNV, é possível considerar as necessidades dos educandos e, ao mesmo tempo, estabelecer limites. Isso pode ser feito a partir de uma escolha consciente de quais necessidades desejamos priorizar. Dependendo da situação, o processo de escolha pode ocorrer de maneira conjunta e transparente. Para conhecer alternativas de como lidar com essas e outras situações, você pode explorar o que a CNV propõe para criar uma relação colaborativa ("poder com"), para lidar com as inevitáveis frustrações decorrentes das necessidades que ficam desatendidas e para fazer o uso protetivo da força.

Reparação da conexão e da confiança

Quando causamos um impacto doloroso em alguém, o que podemos fazer para tentar reparar a conexão e a confiança?

Segue a sugestão de uma conversa que talvez sirva de inspiração. Considere:

1. Preparar-se, ensaiando a conversa com alguém que lhe dê *feedback*.
2. Fazer o convite, perguntando se a pessoa teria disponibilidade para conversar sobre "x". Exemplo: "Estive pensando nas situações em que eu fazia algo que você não gostava e eu dizia que tinha feito aquilo pro seu bem. Agora percebo algo que não estava claro para mim no passado. Você teria uns 15 minutos para conversarmos sobre isso em algum momento?"
3. Começar a conversa agradecendo a oportunidade de dialogar.
4. Oferecer suposições empáticas, em forma de pergunta, sobre o impacto: "Quando eu fazia algo de que você não gostava e eu dizia que tinha feito aquilo pro seu bem, imagino que você ficava chateada por não ver sentido nisso. Foi assim para você?"
5. Criar um espaço acolhedor e sem interrupções, em que a pessoa se sinta segura para expressar sua experiência até não ter mais nada a elaborar ou acrescentar.
6. Validar a experiência dela como legítima e compreensível. Isso pode ser transmitido com um simples "Uau!" ou com "Nossa! Agora vejo quão doloroso (ou frustrante etc.) foi para você!".
7. Responsabilizar-se por suas ações, evitando frases como "Desculpe se você se ofendeu".
8. Dizer algo como: "Sinto muito por não ter oferecido uma explicação que fizesse sentido e por não ter criado um espaço em que você pudesse se expressar e se sentir escutada". Concentrar seu pesar no impacto e não em lamúrias

de remorso ou justificativas. Falar sobre suas intenções em outra ocasião, se julgar importante.
9. Perguntar como você pode fazer reparações e oferecer sugestões que possam ajudar a restaurar a confiança e o relacionamento. Comprometer-se em aprender com a experiência e cumprir os acordos estabelecidos.
10. Acolher os limites da pessoa. Pode ser prematuro para ela pensar em reparação, caso esteja tomada por fortes emoções ou desconfie de que nada irá mudar. É possível que a desconfiança seja resultado do passado e que vá diminuindo a depender dos novos capítulos dessa história.
11. Encerrar perguntando se há algo mais que ela gostaria de dizer. Verificar o estado dela: "Como você está saindo desta conversa?". Agradecer o tempo disponibilizado.

Buscar reparação requer coragem de vulnerabilizar-se pela exposição de imperfeições e emoções, bem como pela incerteza de como a pessoa irá reagir. Essa coragem pode abrir caminho para a cura, a transformação pessoal e o fortalecimento dos relacionamentos.

Convite para reflexões

Concluo este capítulo com perguntas que, espero, inspirem você a refletir sobre o que pode contribuir para cultivar relacionamentos saudáveis – consigo mesmo e com os outros.

Antes de (re)produzir frases e ações, verifico se estão alinhadas com meus valores?

Tento imaginar o impacto de minhas ações para criar uma relação de segurança e confiança?

Utilizo uma comunicação que fomenta um diálogo respeitoso e significativo, considerando as necessidades de todos?

Na tentativa de reparação, quantas necessidades poderiam estar sendo nutridas? – Empatia, autoexpressão, conexão, confiança, reconhecimento, validação, ser visto, ser escutado, saber que importo, esperança etc.

Quantas vezes tivemos ou temos a oportunidade de vivenciar um diálogo desses? E quanto almejamos ter mais disso em nossas vidas?

Referências

LERNER, H. *Why won't you apologize? Healing big betrayals and everyday hurts*. Gallery Books, 2017.

MATÉ, G.; MATÉ, D. *O mito do normal: trauma, saúde e cura em um mundo doente*. São Paulo: Sextante, 2023.

ROSENBERG, M. *Comunicação não violenta: técnicas para aprimorar relacionamentos pessoais e profissionais*. São Paulo: Ágora, 2021.

12

É NO GRITO QUE SE GANHA

Muitos acreditam que a única maneira de fazer o filho parar e obedecer é gritando. Sim, ele para, mas porque está com medo de você. Mais de 80% dos pais acreditam que palmadas ou gritos são necessários para educar, o que está longe de ser verdade. O grito estimula a mesma região cerebral da agressão física e há impacto na saúde emocional e mental do futuro adulto.

IARA URBANI PECCIN

Iara Urbani Peccin

Arteterapeuta com formação em Neuropsicologia da Arte. Utiliza ferramentas com arte na terapia para reorganizar e expressar sentimentos, pensamentos e emoções em uma jornada de autoconhecimento, desbloqueio criativo, desenvolvimento pessoal e regulação emocional. Além dos atendimentos individuais, ministra vivências arteterapêuticas, oficinas de criatividade e palestras em escolas e empresas sobre "Mente emocionalmente saudável e criativa". Ministra os *workshops* "Mães imperfeitas", trazendo conhecimento e autocuidado, e "Criativamente", reunindo mente criativa e saúde emocional. Atende adultos, adolescentes e crianças. É mãe de duas meninas, coautora de espetáculos em Gramado e do livro *Educação e Afeto*.

Contatos
www.iaraurbani.com.br
iaraurbani@gmail.com
Instagram: iara.arteterapia
54 999057056

Como se sente quando alguém grita com você?

Já parou para imaginar qual seria a imagem da sensação provocada em você em uma situação em que é xingada pelo chefe, funcionário, companheiro ou qualquer pessoa que começa a levantar a voz contigo?

Se para nós, adultos, com maturidade cerebral e experiência, já é agressivo. Imagine ser agredido verbalmente por alguém que é o dobro ou triplo do seu tamanho, e que ainda é sua referência de amor e aprendizado!

Muitos de nós crescemos com uma quantidade considerável de gritos em nossa formação. Nossos neurônios espelham comportamentos, gestos e palavras, e mesmo não gostando, acabamos fazendo igual, gritando quando estamos frustrados, estressados ou com raiva, pois foi a forma como aprendemos. O grito pode resolver de imediato, pois há paralisia ou obediência pelo medo, não pela colaboração por aprendizado e, amanhã, precisará gritar novamente pela mesma razão.

No grito, vamos perdendo a clareza, as certezas, deixando a raiva tomar conta, aumentando o descontrole, tensionando o ambiente e o raciocínio das pessoas a sua volta. No grito, assim como no tapa, agredimos pessoas, sentimentos, opiniões divergentes e, sem saber como conduzir, perdemos a razão e partimos para a explosão. Grito é tão agressivo quanto uma palmada, é invasivo, desconcertante.

Ao escrever este capítulo, trabalhei o tema com clientes que atendo há mais de um ano para retratar a imagem da sensação que o grito provoca em cada um. Na arteterapia, trazemos o sentir para a imagem, a fim de elaborar e ressignificar sentimentos, pensamentos e emoções. Foi nítida a mudança de semblante quando crianças e adolescentes acessaram essas sensações e memórias. Algumas representaram imagens em que se sentiam esmagadas; outras representaram o cérebro esmagando ou explodindo; algumas usaram cores frias, verbalizando que se sentiam congeladas; outras, traços fortes com muita raiva e energia.

A neurociência por trás das relações entre pais e filhos

Ame-me mais quando eu menos mereço,
pois é quando eu mais preciso.
Proverbio sueco

Nosso sistema nervoso está sempre escaneando o meio a nossa volta e, no momento da discussão, sente que está em perigo. Todo corpo sente as reações em um processo tenso, o cérebro envia sinais de alerta e diferentes sensações serão sentidas. Se estamos em perigo, precisamos lutar, fugir ou entrar em submissão. Cada um de nós, dependendo da situação, temperamento e personalidade reagirá de alguma forma. Bater ou gritar aciona luta ou fuga, não há compreensão, há apenas raiva ou medo; ou aciona a submissão, a pessoa se sente apagada, desmoralizada, esmagada. Se para nós já é muito difícil, fere nosso orgulho, autoestima, desestabiliza-nos emocionalmente, imagine a consequência em uma criança com a mente em plena formação e a consequência disso em um relacionamento amoroso ou profissional no futuro?

A ciência avançou e inúmeros estudos do comportamento humano demonstram os efeitos nocivos na autoestima e no senso de capacidade de pessoas que foram criadas na base da violência verbal, do grito ou do "faz o que eu estou mandando e acabou".

Gritos podem elevar a produção do hormônio do estresse, ativando um estado de alerta constante no adulto e ainda maior nas crianças, com o cérebro em formação. "Gritar é uma estratégia de curto prazo, mas se o fizermos de maneira contínua, terá o efeito no cérebro e no comportamento semelhante à violência física", declara Natalia Redondo, orientadora do Instituto La Albuera, de Segovia, na Espanha. O sentimento de não fazer as coisas bem, não ser valorizado e merecer os gritos provavelmente acompanhará as crianças por toda a vida; aprendem que gritar é uma resposta apropriada ao estresse, absorvem esse modo de agir e tendem a imitá-lo no futuro.

De acordo com a pesquisa liderada pelo cientista Luc Arnal e as universidades de Genebra e Nova Iorque, observou-se, pela neuroimagem, que o grito aumenta a ativação da amígdala cerebral, acionando respostas corporais de perigo e medo. Sob o efeito do estresse, a amígdala desencadeia a secreção de cortisol e adrenalina, que são tóxicas quando presentes em grandes quantidades no cérebro imaturo de crianças. Crianças não têm capacidade de avaliar a situação, é o adulto quem tem conhecimento de alternativas e estratégias. O grito constante é ineficiente e perigoso para a saúde mental e para a disciplina. Lembre-se de que educar não é domesticar.

"A falta de entendimento do desenvolvimento infantil acaba levando a criança a sofrer traumas, abuso emocional ou físico. Hoje a ciência já comprovou por meio de estudos o quanto as adversidades vividas na infância impactam a saúde emocional, física e mental do futuro adulto", comenta Telma Abrahão (2022), biomédica e autora do livro *Educar é um ato de amor, mas também é ciência*.

O que acontece no cérebro quando perdemos o controle?

Quando isso ocorre, não é hora de ensinar e muito menos de aprender, pois nosso córtex frontal, o painel de controle, é desativado. Quem está no comando nesse momento é o sistema límbico, "onde" nascem as lembranças e emoções, e o tronco encefálico, que controla nosso instinto de sobrevivência: luta, fuga e submissão. Esta parte mais primitiva do cérebro e porta de entrada das informações recebidas "sequestra" a informação quando nos desregulamos emocionalmente, não permitindo que a informação chegue até o córtex frontal, a parte do cérebro em que há compreensão e aprendizado, discernimento, resolução de problemas, planejamento e regulação. Ou seja, neurologicamente não há como resolver ou aprender nesse momento. Primeiro, precisamos nos acalmar para compreender e resolver.

Então, o que fazer?

Viemos de uma geração que não aprendeu a falar ou lidar com o que sentia. Em geral, havia um ambiente no qual o adulto mandava e a criança obedecia. Uma geração que ainda precisa aprender a sentir raiva sem ferir física ou verbalmente.

Não é porque fomos educados no grito e palmada que é apenas esta a forma de educar, com agressividade e autoritarismo. Precisamos ressignificar o que sabemos sobre educar filhos. Não falo de permissividade, falo de estabelecer limites e regras claras, dizer "não", trazer firmeza com gentileza, respeito e colaboração. A falta de entendimento do desenvolvimento infantil acaba levando pais, muitas vezes cansados e pressionados, a perderem a paciência muito fácil.

Sabemos que educar é desafiador, mas não tem como querer filhos que saibam lidar com as próprias emoções se nós ainda não aprendemos a lidar com as nossas. Você, adulto, precisa lidar com sua raiva primeiro. Cuidar da saúde mental e emocional. Vire a lanterna para si, por que grita? Quais são as verdadeiras razões que se escondem por trás de sua raiva e impaciência? Quando tomamos consciência de nossas dores emocionais mal-curadas e disfarçadas, ganhamos o poder de transformar toda uma geração.

Quais são suas estratégias para se acalmar? Sair de cena, respirar, meditar, atividade física, conversar com alguém, pintar, pausa positiva para se autoescutar... Você ensina essas estratégias aos seus filhos? Busque se reorganizar, sem explodir nem implodir! Não levante a voz, melhore seus argumentos. Gritar inflará ainda mais a discussão. Tente validar as emoções que seu filho está sentindo e compreender o que está tentando comunicar. Quando todos estiverem calmos, é hora de conversar buscando, juntos, solução e colaboração.

O tema sobre o grito chamou minha atenção quando li sobre a relação do estímulo cerebral entre grito e palmada. Lembrei-me de uma aula em Londres sobre a cultura de castigos em meio a uma diversidade de nacionalidades e à expressão de surpresa de alguns ao saber que, em algumas culturas, a criançada apanhava. Foi uma aula de aprendizado sobre diferentes possibilidades educativas que naquela época nem imaginava.

O grito é algo que fere, desestabiliza emocionalmente, aciona reações negativas e muitas gerações aprenderam que "é no grito que se ganha". Se você já gritou com seus filhos, não se puna por isso. Eu também aprendo a cada dia. Somos imperfeitos! Mas agora que você conhece o que ocorre nos bastidores da mente e as consequências de hoje e no futuro, podemos mudar.

Às vezes podemos perder a paciência e gritar, retornando a antigos padrões, mas precisamos saber que, quanto menos utilizamos vias padronizadas, substituindo por novas opções de autorregulação emocional e educação, mais ampliamos nosso mapa mental com alternativas saudáveis e criativas, beneficiando a si mesmo e a todos a sua volta.

Queridos pais e mães, tudo começa a partir de nós. Estamos juntos nessa desafiadora e maravilhosa arte de sermos pais e mães. Temos de cuidar do adulto para cuidar das nossas crianças.

Referências

ABRAHÃO, T. *Educar é um ato de amor, mas também é ciência*. São Paulo: Literare Books International, 2022.

NELSEN, J.; BILL, K.; MARCHESE, J. *Disciplina positiva para pais ocupados: como equilibrar vida profissional e criação de filhos*. Barueri: Manole, 2020.

ROSENBERG, M. *Vivendo a comunicação não violenta: como estabelecer conexões sinceras e resolver conflitos de forma pacífica e eficaz*. São Paulo: Sextante, 2018.

13

SENTA DIREITO, MENINA!

Na adolescência, um professor de física, incomodado com a bagunça da sala de aula, chamou a minha atenção. Esse foi o momento em que me dei conta de que havia uma diferença na maneira como meninas e meninos eram tratados. Neste capítulo, divido como uma simples frase me impulsionou a enxergar e questionar as injustiças estruturais às quais as mulheres são submetidas e serviu de combustível para lutar pela equidade de gênero.

KARINA SIMURRO

Karina Simurro

Formada em Administração de Empresas pela PUC-SP, com pós-graduação em *Business* pela Universidade da Califórnia – San Diego. Atua como executiva em uma multinacional. *Coach* de carreira e de parentalidade certificada pela Sociedade Brasileira de Coaching (SBCoaching), instituto reconhecido pelo International Coaching Council (ICC). Certificação em *Change Management* e *Leading People* pela Universidade de Harvard. Educadora parental certificada pela Positive Discipline Association (PDA), com especialização em Comunicação Não-Violenta (CNV) pelo CnvHub. Criadora das tirinhas feministas da Guta Garatuja, que conquistou milhares de seguidores nas redes sociais, e autora dos livros infantis ilustrados *Guta Garatuja em: o vestido vermelho* e *Guta Garatuja em: coisa de menina*, que ensinam empoderamento para crianças pequenas. Mãe de duas meninas, que são suas maiores conquistas na vida e dão sentido a tudo isso.

Contatos
kakasimurro@gmail.com
Instagram: @soumaelogoresisto
LinkedIn: linkedin.com/in/karina-simurro
Facebook: facebook.com/gutagaratuja

Na escola eu era da turma do fundão. Não que eu tenha orgulho disso. Sempre me relacionei bem com meus professores, mas a verdade é que eu não facilitei muito o trabalho deles.

O fundo da sala era meu lugar favorito. Era onde eu encontrava minha zona de conforto dentro do desconforto que é a adolescência. Buscava estar acompanhada por outros que tinham essa mesma preferência. Afinal, nessa fase em que a insegurança é tão presente, por que raios me castigaria com a solidão, não é mesmo?

Era aula de física. Estávamos eu e mais dois garotos engajados em uma atividade que, claro, nada tinha a ver com as Leis de Newton. A atividade em si nem vem ao caso, mas posso dizer que era algo que estávamos achando muito engraçado. Até que, por conta de um comentário que eu fiz, um dos dois amigos não se aguentou e soltou uma gargalhada tão alta que não demorou para o outro garoto e eu nos juntarmos a ele numa espécie de epidemia de riso que acabou contaminando a sala toda. Tinha gente lá que nem sabia por que estava rindo, mas estava.

Quem se lembra como é ser um adolescente, sabe que nessa época poucas coisas trabalham mais a favor da nossa autoestima do que quando algo que dizemos faz com que todos os alunos da sala caiam no riso com a gente (e não da gente). Eu fiquei orgulhosa, sentindo-me a própria comediante. Confiante. Vitoriosa.

Apanhei e não morri

É claro que o professor não achou a mesma graça. E, com toda a razão, foi chamar nossa atenção:

— Dá pros três engraçadinhos pararem com a bagunça?

Tentamos conter o riso sem sucesso. E então, já um pouco mais nervoso, ele virou para mim e falou:

— Senta direito, menina! Isso é jeito de uma dama se sentar?

Ele, que tanto queria ensinar física, fez um comentário que foi a força externa necessária para quebrar a inércia da minha mente. Meus pensamentos atingiram uma velocidade média tão elevada que o resto do mundo parecia estar em câmera lenta. Foi impossível processar tudo o que eu estava sentindo enquanto todos me olhavam. Olhavam-me individualmente e não mais como integrante da turma do fundão. Foi solitário.

A minha primeira reação foi olhar para meus outros dois amigos que estavam comigo. Eles estavam muito mais esparramados na cadeira do que eu. Então, vieram as perguntas que fiz a mim mesma a fim de entender melhor o que estava acontecendo naquele momento: por que essa "correção" em relação à postura veio só para mim? Não estávamos os três igualmente errados? Por que a minha forma de sentar incomoda e a deles, não? Eu deveria me comportar diferente deles por ser menina?

Em seguida, a frase "isso é jeito de uma dama se sentar?" ecoou dentro de mim. Dama? Eu? Mas eu ando de skate! Por que eu deveria me comportar como uma dama? Dentre todas as coisas que eu sonhava em ser, uma dama definitivamente não estava nessa lista. Por que alguém esperaria que uma garota que andava fantasiada de Ozzy Osbourne com uma pitada de Janis Jopplin se sentasse como uma dama?

Nesse momento eu, que até então estava com a autoestima elevada por ter feito a sala toda rir, passei a me sentir desconfortável na minha própria pele. Senti-me indevida. Pela primeira vez, tive vontade de ter nascido do gênero masculino. Parecia-me uma tarefa mais confortável.

Vale ressaltar que naquela época tínhamos muito menos recursos disponíveis do que temos hoje para lidar com uma situação dessas. Eu acreditava que feminismo tinha sido um movimento histórico que colaborou para que as mulheres conquistassem o direito de votar e de trabalhar fora de casa e que já não serviria mais a nenhum propósito, uma vez que o machismo "tinha sido superado". As redes sociais ainda estavam engatinhando. Não havia grupos de apoio nem fóruns de debate. Não encontrávamos camisetas da Frida Khalo vendendo em loja de departamento. A única informação disponível estava nos livros escritos por homens. Ninguém falava muito sobre isso. Era coisa de gente chata.

Então, eu tive que digerir aquilo tudo com os recursos que eu tinha; e não eram muitos. Posso dizer que foi bastante indigesto. Pensei que talvez eu estivesse exagerando. Talvez eu não tivesse entendido a real intenção do professor. Talvez ele tivesse razão. Talvez fosse melhor deixar pra lá.

Passaram-se alguns anos e, dessa vez, a aula era de história, minha favorita. A coordenadora interrompeu a aula e me chamou para a sala do diretor. Eu não fazia ideia do motivo que me levou a ser convocada, pois eu estava atenta ao que a professora dizia. Mas essa não era a primeira nem a última vez que teria sido convidada para comparecer a esta mesma sala. Então me levantei e fui tranquila. Destemida.

Na escola onde estudei as regras em relação ao uniforme eram bastante flexíveis. Se o aluno ou aluna não quisesse usar uniforme, estava liberado para ir com camiseta branca. No verão, era comum os adolescentes usarem regata por conta do calor e eu adotava a mesma prática.

Chegando à sala de espera da diretoria, encontrei mais 7 ou 8 meninas de outras turmas que foram convidadas assim como eu. Após uma breve observação pensei: "Ou estão nos recrutando para uma espécie de Spice Girls Brasil, ou o que nos trouxe aqui foi o fato de estarmos todas de regata". Meu sonho de virar a Posh Spice teve que esperar. Era a regata.

Foi uma longa e confusa conversa com o diretor. Confesso que me lembro apenas de duas passagens marcantes. Na primeira, ele disse que a regata não era liberada para nós, pois quando íamos vestidas assim "os garotos da sala ficavam distraídos e não prestavam atenção nas aulas". Olhei mais uma vez em volta e perguntei: "Distraídos com os nossos ombros?". A resposta que recebi foi: "Você nem imagina o que se passa na cabeça de meninos dessa idade". Eu não entendia por que seríamos nós as impactadas se o pensamento ou comportamento indevido era dos meninos.

A segunda passagem que me marcou foi quando questionamos por que os meninos que estavam de regata não estavam ali com a gente e ele nos disse que falaria com os meninos em outro momento. Esse momento nunca chegou.

A discussão da regata me fez lembrar do "Senta direito, menina!" que escutei do professor de física e percebi que esses dois episódios tinham uma relação direta. Ambos me mostraram que eu até podia estar jogando o mesmo jogo que os meus amigos, mas as regras que se aplicavam a mim não eram as mesmas que se aplicavam a eles.

Nesse dia, eu consegui finalmente enxergar aquele lugar de desvantagem em que a nossa sociedade coloca as mulheres. Isso é feito de maneira tão sutil que muitas vezes nem nós mesmas nos damos conta. É aí que mora o perigo. Como lutar contra algo que nem sabemos que existe? É preciso ver para combater. Mas o inimigo é praticamente invisível, embora possamos sentir seu impacto diariamente na nossa crença de que nunca seremos suficientemente boas, na insegurança na frente do espelho, na luta que precisamos travar para sermos ouvidas, na constante necessidade de brigar pelo mesmo espaço que é concedido gratuitamente aos homens, no cansaço excessivo após ter que encarar tudo isso dia após dia.

Dar-me conta de tudo isso doeu. E foi nesse lugar da dor que me encontrei por muito tempo. Mas essa dor foi se transformando em raiva, e a raiva se tornou a força resultante necessária para gerar movimento de resistência em mim. Se feminismo era considerado coisa de gente chata, decidi que, então, eu seria gente chata.

Como disse o saudoso Mario Quintana: "Todos esses que aí estão atravancando meu caminho, eles não passarão!". Tá, não foi exatamente isso que ele disse, mas essa foi minha releitura.

E por mim não passaram mais. Pelo menos não ilesos. Foi assim que decidi que me levantaria contra todas as situações machistas que cruzassem meu caminho. Seja numa piada de mau gosto, no comentário misógino disfarçado de elogio, na mulher tendo sua fala constantemente interrompida, na objetificação dos nossos corpos, nos relacionamentos apaixonadamente abusivos, entre outros.

Não é uma tarefa fácil. Às vezes caímos em ciladas; outras vezes, bate o cansaço de estarmos sempre lutando pelo espaço que nos é de direito. E quando me canso, eu até me permito descansar, dar um tempo. Mas desistir jamais! Lutar pelos nossos direitos virou um estilo de vida. Acredito que só assim veremos a mudança acontecer. Sem passar pano para ninguém que esteja colaborando para perpetuar a desigualdade de gênero. Não passarão. Somente assim, pouco a pouco, vamos conseguir ensinar a todos que nós somos meninas sim e nos sentaremos do jeito que a gente quiser.

14

NÃO ME INTERESSA O QUE VOCÊ PENSA E QUER. CRIANÇA NÃO TEM QUE QUERER

O objetivo deste capítulo é mostrar os efeitos nocivos que as falas agressivas têm para as crianças e os impactos que isso pode ter para o futuro delas. Na minha experiência em escolas, observo a importância de promover um ambiente emocionalmente seguro e respeitoso para que os pequenos possam florescer como seres autênticos. A ideia é compartilhar informações a fim de orientar pais e educadores, além de propor reflexões para evitar os impactos indesejados de frases violentas para a criança e os eventuais traumas que podem ecoar na vida adulta delas.

LÍLIA CALDAS

Lília Caldas

Educadora infantil certificada em *Early Childhood Education* na Austrália. Educadora parental na abordagem parentalidade consciente, com certificação pela Positive Discipline Association. Certificada no curso *First Nations' Perspectives for Teaching and Learning* pela Queensland University of Technology. Apaixonada por desenvolvimento humano. Pesquisadora em sexualidade infantil e prevenção ao abuso. Vive há mais de 11 anos em Brisbane, Austrália, onde atua em creches e escolas vivenciando a educação local.

Contatos
liliacaldas.education@gmail.com
Instagram: @liliacaldasoficial
+61 447 689 362

Nenhum pai ou educador conscientemente deseja prejudicar seus filhos ou qualquer criança sob seus cuidados. Porém, será que muitas vezes isso não ocorre sem que muitos de nós percebamos? Algumas experiências em sala de aula me fazem refletir sobre isso. Por exemplo, é comum perguntarmos aos alunos sobre o que eles gostam de fazer ou que brincadeiras preferem, como uma maneira de criarmos conexões.

Recentemente, porém, me surpreendi com as respostas de um estudante. Como estávamos próximos da época de férias, perguntei o que ele gostaria de fazer durante o período sem aulas. "Não sei", ele disse, antes de acrescentar: "Qualquer coisa". Em outras ocasiões, já havia notado essa característica nele. Certa vez, quis saber qual brincadeira ele mais gostava ou que música o agradava. Mas, para a minha surpresa, ele parecia "não ter preferências".

Lembrei que a mãe desse aluno era conhecida entre os professores por ser uma pessoa autoritária. Fiquei pensando se a falta de predileção por uma música ou uma brincadeira não estaria ligada à maneira como os pensamentos daquela criança eram recebidos em sua própria casa. Embora não dê para relacionar diretamente nesse caso, como disse inicialmente, muitas vezes, pais e educadores podem impactar a vida dos pequenos apenas com palavras mal colocadas, mesmo que sem intenção.

Reflita sobre a seguinte frase: "Não me interessa o que você pensa e quer. Criança não tem que querer". Imagine que ela é pronunciada por adultos em momentos de impaciência ou autoritarismo. Agora, pense em como essas palavras podem ter efeitos profundamente nocivos no desenvolvimento emocional da criança que a escuta. Sobre isso, acredito que não haja nenhuma dúvida. Mas como será que isso ocorre? Há impactos para a vida adulta dessa criança?

Stephen Porges (2001), psiquiatra e neurocientista norte-americano, demonstrou que o sistema nervoso humano reage a estímulos, especialmente sociais. Sua teoria polivagal aborda como impulsos afetam comportamento e estado emocional, fornecendo perspectivas sobre como palavras e interações negativas afetam o sistema nervoso autônomo das crianças. Essas influências podem ecoar na vida adulta, causando traumas duradouros.

A teoria enfatiza que interações sociais, especialmente com figuras de apego, impactam o desenvolvimento do sistema nervoso autônomo infantil com falas violentas, ativando o sistema nervoso simpático e desencadeando respostas de "luta ou fuga". Quando constantemente ativadas, essas respostas podem criar um ambiente hostil e estressante, ameaçando o desenvolvimento futuro.

Em paralelo, é cada vez mais perceptível que muitas pessoas se encontram presas em profissões com as quais carecem de qualquer afinidade genuína, pois perderam contato com sua própria essência. Incapazes de identificar seus gostos, talentos e habilidades, acabam seguindo carreiras vazias de propósito real.

Como uma consequência natural dessa desconexão, tornam-se meros "executores" de tarefas, perdendo a oportunidade de trabalhar no que lhes importa. Em contraste com trilhar um caminho alinhado à paixão e à vocação pessoal, muitos indivíduos se encontram imersos em trajetórias que não lhes proporcionam satisfação alguma. A famosa frase que ensina que "qualquer caminho serve para quem não sabe onde quer chegar" ganha ressonância nesse contexto.

Sem uma clara compreensão de seus objetivos e paixões, as escolhas de carreira podem se tornar meros exercícios de conformidade, resultando em trajetórias profissionais vazias e sem sentido. Nesse cenário, as interações carregadas de negatividade e desconsideração na infância podem influenciar as escolhas futuras. Palavras dolorosas e invalidações podem minar a autoestima e a confiança, levando a uma desconexão com o próprio ser interior.

Na falta de uma base sólida de autoconhecimento e autoaceitação, a busca por uma carreira que verdadeiramente ressoe com os anseios internos pode se tornar um desafio monumental. Portanto, compreender profundamente o impacto das palavras e interações negativas é crucial. Os adultos, sejam pais, educadores ou figuras de autoridade, desempenham um papel fundamental na moldagem da autoimagem e do desenvolvimento emocional das crianças.

Encorajar as crianças a explorar e abraçar seus interesses, gostos e talentos é um investimento no futuro delas, contribuindo para a construção de adultos confiantes, satisfeitos e alinhados com sua verdadeira essência. A orientação precisa de como os adultos devem se relacionar com as crianças se assemelha às margens de um rio, que demarcam seu curso enquanto permitem que as águas fluam em direção ao destino.

Validar as falas das crianças é tão crucial quanto estabelecer os limites necessários. É como se as margens do rio garantissem que a jornada das águas seja direcionada, mas sem restringir completamente seu movimento natural. É fundamental que os adultos sejam como as margens do rio ao lidar com as crianças. Isso significa ouvir atentamente suas vozes, pensamentos, sentimentos e desejos, reconhecendo a importância de suas perspectivas.

No entanto, validar essas vozes não deve ser confundido com permitir que façam tudo o que desejam. A metáfora das margens sugere que, enquanto encorajamos a expressão livre, também fornecemos estrutura e direção. Assim como o rio flui com harmonia quando suas margens são bem definidas, as crianças também prosperam quando adultos oferecem um equilíbrio sábio, sem autoridade ou permissividade em excesso.

A ausência de limites pode levar ao caos, enquanto autoridade demais sufoca a individualidade. O segredo está em criar um meio termo, que favoreça o desenvolvimento saudável. A arte de ser as margens do rio na vida das crianças reside na capacidade de guiar sem controlar, de ouvir sem julgar. Ao estabelecer limites de maneira amorosa, o adulto capacita as crianças a compreenderem o valor da autodisciplina, mas encorajam a exploração criativa e o crescimento emocional.

Consciência e reeducação

Como afirmei, ao cultivar o respeito mútuo, o adulto nutre a confiança, a autoexpressão saudável e o senso de responsabilidade na criança, permitindo a ela fluir em direção a um futuro de autenticidade e êxito. Nesse sentido, em seu livro *Parentalidade consciente*, os autores Daniel Siegel e Mary Hartzell explicam o conceito de comunicação contingente. Segundo eles, trata-se da ideia de que uma comunicação eficaz entre pais e filhos envolve interação responsiva e sintonizada.

Assim, eles enfatizam a importância de os pais estarem presentes, envolvidos e emocionalmente sintonizados com os sinais e pistas de seus filhos. Na comunicação contingente, os pais são encorajados a responder aos sinais verbais e não verbais de seus filhos de maneira consistente e empática. Essa abordagem ajuda as crianças a se sentirem compreendidas, valorizadas e seguras em seu relacionamento com os pais.

Ao estar atento às necessidades emocionais de seus filhos e participar de interações recíprocas, os pais promovem um senso de conexão e confiança, o que contribui para o bem-estar emocional e psicológico da criança. O conceito de comunicação contingente está alinhado com os princípios mais amplos de apego seguro e criação positiva dos filhos. Ele enfatiza a importância de criar um ambiente acolhedor, em que as crianças se sintam ouvidas e validadas, promovendo o desenvolvimento emocional saudável e aumentando sua resiliência geral.

A prática da comunicação contingente pode levar a vínculos mais fortes entre pais e filhos e a uma melhor regulação emocional para as crianças à medida que crescem e navegam pelas complexidades do mundo ao seu redor. Conforme exploramos a importância de validar as vozes das crianças enquanto estabelecemos orientações e referências saudáveis, torna-se evidente a necessidade de reeducar os adultos para que possam, de fato, ouvir as crianças.

Essa tarefa é tão vital quanto complexa, pois envolve desaprender antigas abordagens autoritárias e adotar uma postura empática e atenta, como as margens de um rio. A ideia de reeducar os adultos para a escuta ativa e a compreensão genuína das crianças é o elo perdido na equação. Como mencionado, muitas vezes, as palavras mal colocadas ou a falta de atenção podem deixar cicatrizes emocionais duradouras nos pequenos.

Nesse sentido, reeducar os adultos é fundamental para romper esse ciclo prejudicial. Por fim, devemos sempre considerar que dentro de cada semente há uma árvore em potencial. Crianças são como sementes. Elas vieram ao mundo para crescerem fortes e frutíferas.

Referências

FRONTIERS IN INTEGRATIVE NEUROSCIENCE. *Polyvagal Theory: A Science of Safety*. Disponível em: <https://www.frontiersin.org/articles/10.3389/fnint.2022.871227/full>. Acesso em: 11 set. de 2023.

POLYVAGAL INSTITUTE. *Polyvagal Theory: Summary, Premises & Current Status*. Disponível em: <https://www.polyvagalinstitute.org/background>. Acesso em: 11 set. de 2023.

PORGES, S. W. (2001). The polyvagal theory: phylogenetic substrates of a social nervous system. *International Journal of Psychophysiology*. Vol. 42, Pgs: 123-146.

PORGES, S. W. *Orienting in a defensive world: Mammalian modifications of our evolutionary heritage. A Polyvagal Theory*. Disponível em: <https://onlinelibrary.wiley.com/doi/epdf/10.1111/j.1469-8986.1995.tb01213.x>. Acesso em:11 set. de 2023.

SIEGEL, D.; HARTZELL, M. *Parentalidade consciente: como o autoconhecimento nos ajuda a criar nossos filhos*. São Paulo: nVersos, 2020.

STEPHEN W.; PORGES, PHD. *Polyvagal theory*. Disponível em: <https://www.stephenporges.com/>. Acesso em: jul. de 2023.

15

MENINAS NÃO PODEM COMER TANTO ASSIM!

Será mesmo? Este capítulo aborda o impacto dessa frase na relação com a imagem corporal e faz refletir sobre a busca do ideal que não existe.

LILIAN VENDRAME FONSECA

Lilian Vendrame Fonseca

Psicóloga, neuropsicóloga, professora e psicopedagoga. Há 15 anos atuando no atendimento de adolescentes e adultos, orientação familiar e profissional. Especialista em tratamentos para ansiedade e depressão, capacitada pela USP e pelo Hospital Albert Einstein. Formação em Terapia Cognitivo-comportamental e Gestalt-terapia. Qualificada para trabalhos com intervenções assistidas por animais IAAS. Pós-graduada em psicologia analítica junguiana – perspectiva multidisciplinar.

Contatos
lilian-fonseca@hotmail.com
Instagram: @psi.lilianvendrame
@clinicavendrame
19 99348 0647

Lilian Vendrame Fonseca

Era uma vez uma menina feliz que adorava comer lanches; tinha 12 anos e morava com os pais. Um dia foi com os pais a uma lanchonete e, contente da vida, pediu o mesmo lanche do pai, quando a mãe interveio e disse: "Meninas não podem comer tanto assim!". A garota ficou tão chateada que mal conseguiu comer seu lanche.

O que será que aconteceu com essa garota?

Primeiro passou a desenvolver compulsão ou restrição alimentar; ora comia demais, ora não queria comer nada e não gostava do próprio corpo. Ela se prendeu às jaulas do ser uma boa menina, e boas meninas não comem tanto assim.

Triste, não é?

É interessante perceber que, no caso da garota da lanchonete, é a mãe que diz que a filha não pode comer muito. Isso diz sobre a infância e a adolescência da própria mãe. Já que vivemos em uma cultura em que magreza é símbolo de autodisciplina e sucesso, provavelmente essa mãe pode ter sofrido com a busca de aprovação e não quer que a filha sofra. Mas qual foi a contribuição da fala dessa mãe com a filha?

A falta de autoconhecimento nos leva a acreditar em tudo que as redes midiáticas divulgam. E quando essas propagandas vão ao encontro de nossas inseguranças, agarramo-nos a elas como verdades. A partir disso, temos dificuldade de nos autorregular emocionalmente e passamos isso adiante, principalmente com as pessoas mais próximas, filhas e amigas.

Segundo a OMS, 4,7% da população brasileira sofrem com esses distúrbios, principalmente jovens mulheres. A ocorrência da anorexia, da bulimia nervosa e da compulsão alimentar entre as mulheres está diretamente ligada à busca para se encaixar nos padrões estéticos estabelecidos.

A pressão sob o corpo perfeito recai com mais frequência nas mulheres, mas não quer dizer que os homens não sofram com isso. Em uma sociedade patriarcal, as normas sexuais regidas pelos homens delimitam quais corpos serão ou não legíveis nesse contexto. Segundo a filósofa Simone de Beauvoir (2012), em seu livro *Segundo Sexo*, esboça-se uma espécie de história existencial da vida de uma mulher: uma história de como a atitude de uma mulher em relação a seu corpo e funções corporais muda ao longo dos anos e como a sociedade influencia essa atitude. Nesse tipo de sociedade, o conceito masculino: a mulher é sempre "outra" porque o homem é o "vidente": ele é o sujeito e ela, o objeto – o significado do que é ser mulher é dado por homens.

Com o desenvolvimento de uma cultura midiática em que apenas mulheres magras são bem-sucedidas, muitas adolescentes e mulheres adultas chegam às clínicas com queixas e adoecimento psíquico voltados às pressões que sofrem desde a infância. Mulheres de diversos tipos, aquelas consideradas mulheres "padrão" também. Todas com um único sentimento: a pressão estética, a busca incessante pela perfeição, pelo corpo comparado muitas vezes no Instagram.

Essa busca incessante pelo corpo perfeito relaciona-se com a vontade do ser humano de ser aceito e de ser querido. Como o corpo é o primeiro a ser visto em um contato, deposita-se nele toda a responsabilidade pela aceitação.

Existe uma falsa sensação de controle sobre o nosso corpo. Podemos emagrecer ou fazer cirurgias plásticas, mas não percebemos que o que realmente podemos gerenciar é o nosso interior.

Vale questionar-se:

Você reduz sua vida a um corpo ideal?

Você já refletiu sobre o conceito de bonito e feio?

Por que você precisa mudar o seu corpo?

Já se questionou que, quanto mais repara no outro, menos você se reconhece?

Pois é! Somos levados a acreditar que o externo é a forma de nos conectarmos com o mundo e com o outro. Buscamos ser vistos e, nessa busca, esquecemo-nos de desenvolver o autoconhecimento, que pode promover a autoestima.

É importante saber reconhecer e acolher sua história, ter consciência de seus pensamentos e saber analisá-los. Conhecer e perceber suas emoções e aprender a gerenciá-las. Observar seus comportamentos e o que eles estão dizendo sobre você.

Você pode estar pensando: "Ah! Quero ficar magra para mim", mas você está esperando elogios dos outros? Se sim, reveja seu propósito. Questione: "O que vou ganhar com um corpo magro?". O ponto é a busca por saúde e bem-estar. Reflita sobre essas questões: pensar no seu corpo gera em você quais emoções? Você as reconhece? Você consegue se ver além do seu corpo? Quais são suas potencialidades e suas dificuldades? Pensar em tudo isso pode favorecer seu autoconhecimento e novas atitudes.

Voltando à garota do início do texto.

Como ajudá-la a sair do conceito de que boas meninas não devem comer tanto assim? Para ajudá-la, é importante dizer que não controlamos o que o outro fala, mas podemos gerenciar como enxergamos isso e lidamos com nossos pensamentos e sentimentos. A parte que ela ficou presa nas suas jaulas era apenas o início da história. Quer saber como termina?

Essa menina de 12 anos sofreu *bullying* na escola por estar acima do peso, passou anos não gostando do seu corpo e desenvolveu distorção de imagem e transtorno alimentar. Emagreceu achando, assim, que os outros iam gostar dela e teria sucesso. E, sim, recebeu muitos elogios, porém nem todos gostavam dela. Ela se tornou amarga, tímida e com medo de interações sociais. Mas, como toda menina, ela é corajosa e sabia que poderia sair da sua jaula. Ela começou terapia, percebeu que tinha potencialidades além do corpo e notou que o que ela temia era que as pessoas percebessem suas dificuldades. A partir desses conhecimentos, lentamente, ela saiu da jaula e pôde entender que não é possível nem necessário agradar a todos. Ela pode ter suas imperfeições e, mesmo assim, ser querida. Hoje, ela tem consciência de que não precisa ser perfeita para ser incrível.

Se você se reconhece nessa história e ainda é a boa menina na jaula, busque ajuda, entenda que não é uma vítima sem possibilidade de melhora, você é protagonista da sua vida.

Se conhece alguém com essas dificuldades, considere estas frases: elogio ao corpo não é elogio, é cobrança. Piadas sobre peso são ofensas. "Coma menos!" não é conselho, é repressão.

Ah! Se a menina que era presa na jaula pudesse te dar uma dica, ela diria:

"Atenção! Somos seres humanos em construção; portanto, você pode se desenvolver e se acolher. Você não controla o que fizeram com você, porém tem a capacidade de gerenciar o que vai fazer com isso".

Essa menina sou EU.

Que este texto possa ajudar a iluminar muitos caminhos e que mais meninas presas nas jaulas se libertem.

Com carinho,

A menina livre.

Referência

BEAUVOIR, S. *O segundo sexo*. Rio de Janeiro: Nova Fronteira, 2012.

16

QUANDO EU MORRER, VOCÊS VÃO DAR VALOR

Temos sonhos para nossos filhos e queremos que eles sejam felizes em suas escolhas. Neste capítulo, a mensagem é orientar a criar esta realidade de sucesso, observando as experiências que proporcionamos aos filhos ao longo da infância, por meio da comunicação e de um ambiente positivo como oportunidade para eles prosperarem e não apenas sobreviverem. Temos o poder de deixar um legado de alegria e felicidade e não só de feridas que precisarão ser curadas na vida adulta.

LUCIANE WIELLI

Luciane Wielli

Administradora de Empresas por formação. Atuou por 18 anos no mundo corporativo. Especialista em Educação Parental e *Coaching* Escolar pela Academia Parent Coaching Brasil, pós-graduação em Educação Parental e Inteligência Emocional pela Unifatec, certificação em Sexualidade Infantil, Neurociências das Emoções, Relacionamentos Familiares e Teoria dos Esquemas. Idealizadora do projeto "Parentalidade e suas relações: um olhar para si para poder cuidar do outro". Apaixonada pelo universo da parentalidade, acredita na educação parental como um caminho para fortalecimento das famílias.

Contatos
luciane.wielli@outlook.com.br
Instagram: @lucianewielli

Lembrar a infância é resgatar memórias. Nelas, há imagens, sentimentos, pensamentos e falas. É fechar os olhos e resgatar quais são seus significados e como, talvez, contribuam para o nosso comportamento hoje, sejam conscientes ou inconscientes, bons ou ruins, é uma viagem de emoções e sensações.

Depois que comecei a estudar sobre a Educação Parental e aprender sobre desenvolvimento infantil, ambientes e relacionamentos com os nossos adultos de referência, pude entender como repetimos padrões.

Olhando para a minha caminhada até aqui, tive a oportunidade de trazer à consciência esta frase e refletir como ela pode ter influenciado meus comportamentos até hoje. Crianças são ótimas observadoras, mas péssimas intérpretes; por isso não podemos deixar de lado o fator ambiente, um dos maiores influenciadores da nossa formação. E me lembrar do ambiente onde eu ouvia esta frase me remete aos momentos quando algo "não estava de acordo", a casa bagunçada, a desobediência de um dos filhos, uma briga entre irmãos.

Crescer e se desenvolver em um ambiente nesse contexto traz várias reflexões. De um lado, provavelmente adultos comunicando suas necessidades e, do outro, crianças se desenvolvendo e criando seus filtros de mundo. As relações que construímos com nossas vivências e com o que ouvimos ao longo da vida podem ser fortes e se tornarem verdades absolutas, tudo vai depender de como internalizamos isso e, consequentemente, em que terão influência.

Se no senso de amor-próprio, autoestima, segurança ou confiança e podem reverberar por toda a vida. A literatura sobre o que acontece na nossa infância, as experiências nocivas, necessidades não atendidas e o que fizemos com isso é ampla e enfatiza um alerta: precisamos de amor e atenção para crescermos de maneira saudável.

Penso nas possibilidades de como uma criança pode internalizar a frase "Quando eu morrer, vocês vão dar valor". Penso na angústia, no medo, na culpa pela perda de um ente querido.

Se eu fosse trazer as cenas e as sensações de onde eu ouvia essa frase para a realidade, seria igual a uma peça de teatro: uma hora os personagens são alegres, felizes, porém desconfiados, havia certo receio e cuidado para tudo sair de maneira correta. Afinal, ninguém poderia se aborrecer, deveríamos dar valor aos nossos pais.

Certamente, ouvir uma frase assim, de modo constante, cria um padrão que aciona gatilhos em eventos que tragam as mesmas cognições, emoções e comportamentos associados ao contexto de obediência ao valor, culpa à perda. Mas falaremos disso adiante.

Antes de percorrer mais um pouco a reflexão sobre essa frase, voltemos um pouco para o fator ambiente. Eu, criança, não era a única personagem na história, também não poderia ser olhada como peça única dessa dinâmica familiar; ali tinha uma mãe, um pai, irmãos e parentes. Na época da minha infância, éramos praticamente vizinhos dos avós, tios e primos; portanto, todos tinham sua parcela de influência no nosso dia a dia, cada um comunicando suas necessidades ao seu modo, da maneira como aprenderam.

Ao mesmo tempo em que há uma criança moldando suas interpretações do que vê e ouve em seu entorno, ressalva para o fator ambiente, há adultos de referência que fazem parte desse mesmo ambiente e são como lentes para nós. A lealdade emocional costuma ser fiel ao seu ponto de vista e, talvez, dizer "quando eu morrer, vocês vão dar valor", fosse uma forma aprendida de comunicar uma série de necessidades não atendidas: cansaço, desânimo, exaustão, irritação, depressão, tristeza, mágoa, medo ou até necessidade de reconhecimento ou pedido de ajuda em seus múltiplos papéis.

Se eu fechar meus olhos e visitar a criança que fui um dia, seria grata por hoje ser instrumento de conhecimento sobre o desenvolvimento humano, um ambiente, crianças e adultos já com suas crenças e padrões formados, comunicando suas necessidades para crianças que ainda estão formando sua percepção de mundo e expondo sua autenticidade misturada à necessidade de afeto, apego e proteção.

O resultado disso tudo provavelmente pode ser negativo, partindo do pressuposto de que a maioria dos pais vieram de uma educação autoritária, com ausência de validação de seus sentimentos e que também precisaram encontrar recursos em busca de amor.

A intenção aqui não é achar culpados, e sim mostrar a nossa capacidade de fazer diferente. Os adultos de hoje podem ser crianças machucadas, atribuem aos filhos papéis que não servem às necessidades deles, e sim às próprias. Mas se entendermos que somos responsáveis pelas nossas ações, poderemos definitivamente quebrar esse ciclo.

Crenças de infância podem nos conduzir ao sucesso, porém podem trazer dificuldades, são vistas como verdades absolutas e se autoperpetuam. Em relação a nossa frase em discussão aqui, podemos identificar algumas delas:

- Enfatizar em excesso o atendimento às necessidades dos outros em lugar das próprias.
- Ter dificuldade de se opor ou se colocar.

- Sentir-se submisso ou coagido pelas pessoas.
- Sentir medo de causar sofrimento aos outros e, assim, sentir culpa por ser egoísta ou de perder a conexão/amor com as pessoas.
- Buscar por aprovação, reconhecimento ou atenção de outras pessoas.
- Apresentar sensibilidade aguçada à rejeição.

Sou leitora assídua sobre a Terapia dos Esquemas, uma abordagem que amplia os tratamentos e conceitos cognitivo-comportamentais tradicionais por dar ênfase à investigação das origens infantis e adolescentes sobre o desenvolvimento de esquemas, que podem causar determinados comportamentos como respostas a um padrão de experiências nocivas repetidas regularmente durante a infância e a adolescência.

Dentro da Terapia dos Esquemas, existem 18 esquemas já mapeados e agrupados em cinco categorias amplas de necessidades emocionais não satisfeitas, chamadas de "domínios de esquemas". Uma dessas categorias, classificada como Direcionamento para o Outro, possivelmente pode ter relação com a frase em discussão neste capítulo.

> O foco excessivo no cumprimento voluntário das necessidades de outras pessoas em situações cotidianas, às custas da própria gratificação. As razões mais comuns são: não causar sofrimento a outros, evitar culpa ou se sentir egoísta, ou manter a conexão com outros percebidos como carentes. Muitas vezes resulta de uma sensibilidade intensa ao sofrimento alheio.

O conceito sobre essa terapia e seus esquemas é bem mais amplo que a definição acima, mas, aqui, a intenção é mostrar como a educação de filhos pode ser diferente se entendermos que, diariamente, cometemos violências invisíveis em forma de palavras nos lares e a figura de apego, que deveria amar a criança do jeito que ela é, na verdade, tenta (consciente ou inconsciente) fazer dela algo para atender às próprias necessidades.

É nesse momento que podemos criar máscaras para nos sentirmos amados e entrar em desequilíbrio com a nossa mais pura autenticidade, tomando a decisão de que não somos bons o suficiente. Posição bem desconfortável de se estar, partindo do pressuposto de que isso é uma ameaça à nossa sobrevivência. Assim, vamos criando mecanismos de reação, via de regra considerados saudáveis na infância e se tornando inadequados na vida adulta.

Eu consigo identificar alguns dos meus comportamentos hoje em relação às vivências da infância. Eu era apenas uma criança, interagindo com o mundo, expondo minha autenticidade, dentro de um ambiente em busca de afeto na minha mais pura essência, ao mesmo tempo que fui criando minhas crenças básicas iniciais da vida quando eu ouvia: "quando eu morrer, vocês vão dar valor!".

É maravilhoso trazer à consciência que precisamos refletir e observar as evidências dos nossos problemas atuais com as vivências da infância. Fazer um esforço consciente de nossas vulnerabilidades e medos não é vergonha, e sim uma forma respeitosa de se conhecer e ajudar a não perpetuar práticas negativas como modelo de criação dos filhos.

Autoconhecer-se é produzir mudanças para algo melhor, manter o processo vivo. As crianças precisam ser vistas em sua mais pura essência.

Referências

GUTMAN L. *O que aconteceu na nossa infância e o que fizemos com isso*. 9. ed. Rio de Janeiro: Best Seller, 2022.

LOTT L.; MENDENHALL B. *Autoconsciência, aceitação e o princípio do encorajamento*. Barueri: Manole, 2019.

YOUNG J. E.; KLOSKO J. S.; WEISHAAR M. E. *Terapia do esquema: guia de técnicas cognitivo-comportamentais inovadoras*. Porto Alegre: Artmed, 2008.

17

NÃO META A SUA COLHER ONDE NÃO FOI CHAMADA

Se você acredita que, calada, é uma poetisa ou que, em briga de marido e mulher, ninguém mete a colher, é provável que foi silenciada em alguma situação. Nosso convite é que experiencie os efeitos positivos ou negativos que essas expressões podem ter em sua vida. Você já pensou no impacto que a frase "não mete a colher onde não foi chamada" pode causar no desenvolvimento de quem a escuta?

**MAIRA ITABORAÍ E
SÍLVIA PATRÍCIO CASAGRANDE**

Maira Itaboraí

Jornalista e pedagoga, especialista em psicopedagogia, educação sistêmica e parental, educação especial/inclusiva/emocional, Neuropsicopedagogia. São mais de 25 anos de atuação na área da educação e estudo. Apaixonada pelos processos de ensino e aprendizagem, caminhou na educação infantil, no ensino fundamental I, na coordenação e na direção escolar. Está a serviço da vida, atuando como professora alfabetizadora; na área clínica, como neuropsicopedagoga, orientação para pais e educadores, palestrante, terapeuta e coautora dos livros *Educação e afeto* e *Orientação*

Contatos
mairaitaborai@yahoo.com.br
Instagram: @mairaitaborai
YouTube: Maira Itaborai
34 99169 5971

Sílvia Patrício Casagrande

Magistério foi minha primeira formação e o encanto pela educação não parou. Cursei Pedagogia, Psicopedagogia, fiz certificação em Educação Emocional e Sistêmica, Disciplina Positiva, *Parent Coaching*, *Kid Coaching*. Em busca de autoconhecimento, as terapias energéticas me encantaram. Hoje, atuo como terapeuta integrativa sistêmica, despertando o desejo de ressignificação de traumas e crenças em quem escolhe receber. Estar a serviço de algo maior é o que me move todos os dias, além da gratidão pelo "sim" dos meus pais pela minha vida.

Contatos
silvinhakidcoach@gmail.com
Instagram: @silvinhaconectandoamor
YouTube: silvinhaconectandoamor
54 98421 0969

Bia era uma criança crescida como qualquer outra da sua idade na década de 1980. Filha de professora, era uma menina muito tagarela, espontânea e alegre. Cursava a 7ª série e conhecia muito bem as regras da escola e o seu lugar na sala de aula. Uma geração com um comportamento semelhante ao das ovelhas que tinham pavor ao desgarre das ordens a serem executadas sem questionamento.

Tudo começou a mudar na vida de Bia quando a professora de português fez uma pergunta para a colega. Em seu ponto de vista, era a colega mais inteligente da sala, mas que naquele dia, por algum motivo, não soube responder e foi ali que viu a oportunidade de mostrar que sabia, e rapidamente deu a resposta que tanto tinha certeza em estar certa.

Um silêncio ensurdecedor se fez presente. Então, ela ouviu da professora: "Não mete a sua colher onde não foi chamada!".

Como era possível aquela professora, tão admirada, sem nenhuma delicadeza fazer essa interjeição? Foi como receber um balde de água congelante. Bia paralisou. Desde esse dia ela murchou, desanimou e passou a acreditar que não era capaz de falar para outras pessoas sobre opiniões e conhecimentos.

Sabemos que muitas frases são usadas para educar, mas essa em especial ainda reverbera na vida dessa menina, hoje com seus 52 anos. Trouxe bloqueios e a crença de que não é capaz de se expressar em público, em redes sociais, mensagens de voz e, até mesmo, se posicionar em reuniões de família. Expressão de um cotidiano passado bem vivo no presente.

Como uma expressão tão comum, falada em vários ambientes e para pessoas de várias idades, causou tamanho impacto intelectual e social? Quais frases dentro de você precisam ser desconstruídas? Qual herança e ciclo você está repetindo? Será que essas frases que falamos ou escutamos são capazes de impactar a ponto de congelar ou destravar a pessoa sobre determinada área de sua vida? Ou tudo isso fica no sentido da brincadeira e da descontração?

Não pretendemos responder a essas perguntas, tampouco ensinar ou validar quais expressões seriam certas ou erradas, mas longe do que poderíamos imaginar, todas essas frases nos impactam de alguma forma e muitas delas conduzem nossa forma de agir e reagir diante dos desafios diários. Quando chegamos à idade adulta e começamos a questionar onde estamos, o que sentimos, para onde vamos, o que queremos, essas expressões são incessantemente repetidas e uma angústia gigantesca invade nosso coração.

Perceber e acolher esse sentimento é o primeiro passo para validar o que fizemos com o que escutamos e aprendemos até o presente momento. Acreditamos que muitas crenças são construídas e introjetadas em nossa vida durante o processo de desenvolvimento e podem ter como base as frases que ouvimos.

"Não meta a colher onde não é chamada" pode ser uma crença limitante, que Bia assumiu como verdadeira e pode a estar impedindo de ter relacionamentos bem-sucedidos, prosperidade, boa saúde, além do bloqueio de falar em público na vida adulta. Quando compreendemos o poder que as crenças têm sobre a realização dos nossos objetivos, deveríamos buscar aquelas que fortalecem e impulsionam de maneira positiva nossa vida. Poderíamos utilizar a frase "você consegue" com mais frequência, é só uma questão de treino.

Em algum momento você pensou sobre isso? Se buscarmos no dicionário o significado da palavra "crença", entre eles certamente encontrará pensamento que você acredita ser verdadeiro ou seguro.

Desconstruir o que acreditamos ter como verdadeiro no inconsciente leva tempo. Nós somos mais do que a soma de nossas partes, do que aquilo que sentimos e pensamos. O mundo gira e giramos com ele. A postura da professora naquela interjeição foi apenas um reflexo da própria postura profissional.

Em nossos estudos, uma das maneiras que encontramos para potencializar aquilo que acreditamos sobre nós é escrever. E escrever é tão poderoso quanto falar ou ouvir. Você não precisa trazer o passado para o presente nem projetar expectativas para o futuro, mas pode ver o que está acontecendo aqui e agora.

Se pudesse prever as palavras da professora, Bia "calada seria uma poetisa". "Calada você não é uma poetisa" é só uma pessoa que foi silenciada em algum momento e, hoje, diante dos desafios, busca uma justificativa para não fazer algo. Para superar crenças limitantes, procure identificar, reconhecer, contestar, perceber as consequências, adotar uma nova crença e colocar em prática. As crenças podem ser divididas em: crenças de merecimento – ter; crenças de capacidade – fazer; crenças de identidade – ser.

Sugerimos algumas atividades: pegue caneta e papel, tome consciência dos seus valores, sente-se confortavelmente, inspire, expire, faça movimentos circulares com o pescoço e permita-se registrar como quiser suas crenças positivas. Eu mereço...; Eu posso/faço/consigo...; Eu sou... Não se limite a uma única crença. Escreva... Seja ousado, criativo e corajoso. Você pode, merece e consegue! Quanto mais acreditamos em nossa capacidade de realização, mais fácil identificamos o que nos impede de realizar.

Apanhei e não morri

Quantas palavras não ditas, sonhos não realizados, sucesso não alcançado estão intrínsecos nessas frases? Você consegue reconhecer o que tem bloqueado ou paralisado sua vida? Os sabotadores têm o poder de acionar gatilhos adormecidos no inconsciente. Que tal agora escrever sobre eles? Liste tudo aquilo que, de alguma maneira, o faz acreditar que você não é capaz. Por exemplo: eu não consigo finalizar a leitura de um livro, não sei cozinhar, em "casa de ferreiro o espeto é de pau".

Agora, você vai transformar seus sabotadores em crenças positivas. Vire seu papel e escreva: eu consigo finalizar a leitura de um livro, eu posso aprender a cozinhar, eu uso meus talentos em benefício próprio.

Essas expressões também nos colocam frente a frente com nossos valores e caminham lado a lado com as crenças. Nossos valores são responsáveis pelas escolhas que fazemos, motivam-nos a tomar decisões, expressam aspectos positivos de nossa vida. Se repetimos inúmeras vezes frases que impactam negativamente, podemos pressupor que realmente vivemos de acordo com nossas crenças, uma linha muito tênue.

Quais são os valores mais importantes para sua vida? Pense que eles fazem parte da formação da consciência, da maneira como agimos e nos relacionamos em sociedade. Escolha quatro que sejam mais significativos e escreva de que forma você os usa no cotidiano de sua vida. Durante a escrita, observe se alguma crença te limita viver de acordo com seus valores.

Agora que você identificou a expressão que mais fez ou faz parte da sua vida, visitou as crenças que podem estar te limitando ou fortalecendo, relacionou suas descobertas com seus valores, acreditamos que um *mix* de felicidade e frustração tenha invadido seu pensamento e coração. Saiba que você, assim como nós, não somos os únicos que falamos de maneira automática sem refletir no poder das palavras em nossa vida.

Maira Itaboraí e Sílvia Patrício Casagrande

Sabemos que o medo de decepcionar o outro ou criar expectativa sobre determinada coisa pode gerar insegurança e o movimento de ficar parado é maior do que tentar dar o primeiro passo. Mas se você chegou até aqui, é porque acredita que pode olhar com empatia, respeito, generosidade e amor para suas expectativas em relação à própria vida, relacionamentos e desafios. Você pode se perguntar o que pensa a respeito de si mesmo, do seu universo familiar e social, sem dor, sem culpa e pode escrever novas expressões para uma vida de realizações e sucesso.

Uma frase que marcou a vida de Sarah, uma jovem mulher recém-casada, é que ela tinha que falar, pois não era muda. Conselho que recebeu de seu pai em confidência sobre seus desafios matrimoniais. Nos dias atuais, pode soar discriminatória, mas entendemos que esse pai usou de uma sabedoria ímpar ao conversar com a filha sobre a importância de não silenciar diante das dificuldades da vida. Ter autocontrole das emoções e falar sobre os sentimentos transforma dor em amor.

Embora as frases "você tem que falar porque não é muda" e "não mete a colher onde não é chamada" tenham sido usadas em situações diferentes, elas ainda são repetidas em muitos lugares. A primeira usa um megafone para expressar as necessidades e emoções, enquanto a segunda silencia antes de falar. O que você escolhe para sua vida? Calar ou falar?

Finalizamos com uma frase de Hilel, um rabino contemporâneo de Jesus Cristo.

> *Se não eu, quem? Se não agora, quando?*
> HILEL

Cura é ação!

18

DORME QUE PASSA!

Por que algumas frases ouvidas na infância ressoam até a vida adulta? Muito se fala sobre os benefícios do sono, mas você já dormiu com medo? Assustado? Com raiva? Ansioso? Já ficou sozinho, acordado, rezando para o medo passar ou para a noite acabar? Qual foi o benefício? Muitas vezes sentir-se amado e compreendido pode ser mais importante do que uma hora a mais ou a menos na noite. Vamos compreender o que realmente se passa enquanto dormimos.

MELINA HELENA DE ARAUJO MOI

Melina Helena de Araujo Moi

Física médica, educadora parental em atuação consciente com ênfase em apego seguro, educadora parental em atuação consciente na adolescência, educadora parental em consultoria do sono, coautora do livro digital *Segredos da adolescência – ampliando caminhos*, coidealizadora do curso Conexão Adolescência. Mãe da Alice.

Contatos
linktr.ee/melharaujo
melharaujo@gmail.com
Instagram: @melharaujo
16 99105 1103

Melina Helena de Araujo Moi

Os benefícios do sono são inegáveis. Estudos indicam que ele traz benefícios na redução do estresse, no controle do apetite, na melhora do humor, da memória, do raciocínio, no rejuvenescimento da pele e no ajuste do sistema imunológico. Por outro lado, a privação de sono pode provocar mudanças endócrinas, metabólicas, físicas, cognitivas e neurais no ser humano.

Se você já foi a alguma consulta pediátrica, psiquiátrica, psicológica ou terapêutica de qualquer natureza, é provável que tenha se deparado com a pergunta: "Você está dormindo bem?", tamanha sua importância.

Seriam infindáveis as palavras para descrever e comprovar o quanto dormir bem e uma quantidade mínima de horas é importante e imprescindível para a vida saudável de qualquer ser humano, principalmente da criança, que está com seu cérebro em desenvolvimento e precisa de todas as fases do sono, tanto para descansar e recuperar o corpo quanto para consolidar novos aprendizados.

Então, de fato, quando dormimos, nosso corpo se regenera, se regula, nossos problemas tomam outra perspectiva, podemos pensar muito mais depois de uma boa noite de sono e, para algumas pessoas, até os sonhos podem nos ajudar a lidar com alguns assuntos ainda não resolvidos. Analisando por esse ângulo, é certo que, quando dormimos, muita coisa passa.

Mas no fim de um dia cheio, com muitos afazeres, quando os pais estão cansados e as crianças recorrem a eles porque estão tristes ou com dor de barriga, escutam "vai, vai! Dorme que passa!". O recado que as crianças recebem pode não ser exatamente o de que o sono tem inúmeros benefícios dos quais poderão aproveitar.

Então, qual seria esse recado? Qual é a perspectiva da criança?

Para isso, precisamos entender sobre a natureza completamente dependente do ser humano. Dr. Bruce D. Perry, em seu livro *O Menino criado como cão*, diz: "Mais que qualquer outra espécie, o bebê humano, quando nasce, é uma criatura vulnerável e dependente". O bebê, quando nasce, precisa, e precisará durante muitos anos do seu desenvolvimento dos cuidados de um adulto para sobreviver. A nossa natureza mamífera e sociável nos impõe essa condição de sermos cuidados por outro, não é uma opção; e nosso cérebro primitivo associa a segurança tão importante para sua sobrevivência à qualidade desse cuidado. Associamos esse cuidado à segurança que preservará a vida, ter alguém mais forte e mais capaz que nos proteja.

Quando a criança tem qualquer necessidade que precisa ser atendida, física ou emocional, ela sente desconforto, mal-estar e depende da ajuda de um adulto interessado e disponível que possa perceber se ela está com sono, fome, fralda suja ou precisando de colo, e proporcionar isso para ela. É assim que a criança percebe o mundo, entre mal-estar e bem-estar, conforto ou desconforto, e vai aprendendo sobre quais necessidades são essas na medida em que seus cuidadores principais são consistentes em perceber que a criança está com frio, por exemplo, e ajudar a lidar com esse desconforto pelo contato corporal, uma roupa mais quente, uma coberta, fechando a janela, com uma bebida quentinha ou acendendo a lareira. Vendo repetidamente como os pais respondem a esse desconforto quando está com frio, ela entende que o nome para esse mal-estar é frio, que é normal essa sensação; no mundo, há vários recursos para trazê-la de volta ao conforto, que ela não tem mais ou menos valor por isso e, assim, vai acontecendo o amadurecimento da criança. No mundo emocional, tudo funciona da mesma forma. Quando a criança está com medo, por exemplo, sente um desconforto. Seu corpinho, então, comunica que precisa de ajuda e a criança busca recursos para acabar com o mal-estar no seu mundo e o mundo da criança, por muito tempo, se resume ao relacionamento com a família. Então, quando a criança sente medo, chama os pais e depende que eles percebam, expliquem que o nome do que ela está sentindo é medo e que possam oferecer elementos que tragam segurança nesse momento, para que ela aprenda que é permitido ter medo, que existem respostas disponíveis quando sentir-se assim e que ela continua com valor e amada nesse momento. A criança prioritariamente recorre aos pais quando tem uma necessidade, a menos que tenha aprendido que não deve ou não adianta.

Quando a criança tem uma necessidade não atendida e sente um desconforto, fisiologicamente seu sistema nervoso está alertando que ela está em perigo e precisa de recursos para voltar para a segurança, que é o equilíbrio corporal, fisiológico e emocional; em outras palavras, ter sua necessidade atendida. Então, voltemos à natureza dependente da criança. Se ela pode contar com um adulto para compreender essa necessidade e atendê-la, ela sente segurança; caso não consiga, ela pode sentir um profundo desamparo, tanto por não ser compreendida quanto por não ter suas necessidades atendidas. Dessa forma, a conexão com os pais é o recurso mais importante e necessário para a sobrevivência. Desde antes do nascimento até final da adolescência, precisaremos sempre desse relacionamento fortalecido, inclusive a autoestima está profundamente ligada à qualidade desse relacionamento também.

Então, a criança é dependente dessa linda dança em que, enquanto os pais aprendem sobre ela, ela aprende sobre si mesma.

Pois bem, qual então seria a dificuldade nisso tudo? As crianças vivem completamente no presente, imersas em cada atividade que estão fazendo, não estão pensando no futuro, não estão remoendo o passado, estão no aqui e agora e os adultos muitas vezes estão ansiosos demais para acabar com o choro da criança ou preocupados demais com os próprios problemas, estressados demais com as demandas do dia a dia ou cansados demais de tanto aguentar todas as obrigações, anestesiados ou distraídos. Os adultos estão com muitas necessidades não atendidas e, assim como a criança, quando o adulto está com muitas necessidades não atendidas, seu sistema nervoso entende que ele não está em segurança e, logo, não está regulado nem fisiológica nem emocionalmente; portanto, não está em condições de regular emocionalmente uma criança.

A falta de sintonia entre pais e filhos, com adultos estressados, atarefados e indisponíveis emocionalmente e filhos que guardam suas emoções e necessidades até o final do dia para tentar encontrar pais um pouquinho mais presentes fará que o momento da noite seja aquele em que a criança, por fim, pedirá ajuda: "Mamãe, estou com medo! Tem um monstro no meu quarto, minha garganta dói, minha barriga dói, minha cabeça dói, eu não quero dormir, estou triste, meu amiguinho não gosta de mim, a vovó gritou comigo, meu irmão me maltratou".

Todas essas frases que escutamos à noite dos nossos filhos tem um único significado: "Mamãe, fica comigo? Estou precisando de você, preciso sentir-me seguro e importante; não consegui um momento antes e segurei o dia inteiro, mas agora não consigo mais, você pode cuidar de mim, na segurança do seu colo e do seu amor?".

Então, quando os pais cansados falam frases como:

- "Dorme que passa".
- "Quando casar, sara".
- "Amanhã melhora, agora dorme".

As crianças podem entender:

- "Isso não é nada, é bobagem".
- "Eu não tenho tempo para isso".
- "Você não sabe o que é problema de verdade, espere até a vida adulta".
- "Não consigo suportar seu sofrimento".
- "Você tem que se virar sozinho".
- "Seu desconforto não é importante para mim".
- "É inútil pedir ajuda porque não tenho mais recursos do que você".
- "A relação não é uma fonte de conforto e amparo".
- "Quando tiver um problema, não deve vir até mim buscando ajuda".
- "Se você estiver feliz, eu posso passar um tempo com você. caso contrário, não".
- "Sua emoção é demais para eu lidar".
- "Você tem que aguentar".
- "Eu não quero ou não sei lidar com isso".
- "Tenho coisas mais importantes com que me preocupar".
- "Você não é bem-vindo/amado com problemas".

E assim, o que a criança está sentindo e precisando pode não passar, porque lhe foi negada a mais preciosa fonte de bem-estar, a conexão com os pais. E quando a criança não é compreendida nas suas necessidades, ela tem dois caminhos: pedir com mais força e gritar pelo comportamento desafiador ou tentar aguentar afastando-se dos seus sentimentos, sensações e, possivelmente, adoecendo. Com o passar do tempo, essa criança tornar-se-á adulta, talvez sem recursos emocionais para compreender e acolher as demandas dos seus filhos, acreditando que eles têm que aguentar e que, se dormir, passa.

É claro que nenhuma frase por si só dita o tom do relacionamento entre pais e filhos, inclusive o que se fala muitas vezes importa menos do que a forma como falamos, do que a intenção que temos (queremos parar logo a reclamação ou dar espaço para a emoção?) e do que achamos sobre o que as crianças realmente têm direito de sentir e solicitar (crença que carregamos da infância). Porque, depois de um bom colo, choro e cafuné, ouvir "dorme, amor, que passa! Estou aqui com você e não vou sair" é muito diferente de ouvir "Ih, de novo? Dorme que passa!"

Somos a principal fonte de segurança e aconchego para nossos filhos e nos importar com tudo aquilo que eles trazem impactará diretamente sua autoestima. Então, dormir é importante, mas dormir angustiado, preocupado, com medo, necessitando de colo e afeto não é a melhor forma de terminar o dia, não proporciona os benefícios pretendidos; pelo contrário, causa impactos que podem perdurar, inclusive, na vida adulta e no próprio sono. Tenha paciência, não tenha pressa e busque cuidar de si para estar mais disponível para seus filhos.

Referência

SZALAVITZ, M.; PERRY, B. *O menino criado como cão: o que as crianças traumatizadas podem nos ensinar sobre perda, amor e cura.* São Paulo: nVersos, 2020.

19

SÓ NÃO ESQUECE A CABEÇA PORQUE ELA TÁ GRUDADA NO PESCOÇO!

Qual é o impacto que causa na autoestima, na autonomia e no amor-próprio de uma pessoa que ouve de maneira recorrente a frase: "Só não esquece a cabeça porque ela tá grudada no pescoço!". Ouvir que nos esquecemos de fazer algo pode deixar na pessoa uma sensação de incapacidade, insegurança e incompetência. Carecemos, em nossa fala, de muita atenção, amorosidade e respeito.

MÔNICA SAUEIA

Mônica Saueia

Psicóloga clínica, atuando dentro da abordagem da terapia cognitivo-comportamental no atendimento a crianças, adolescentes, adultos e orientação familiar. Formação em Terapia Cognitivo-comportamental e Especialização em Terapia do Esquema pelo Centro de Estudos em Terapia Cognitivo-comportamental (CETCC'). Bacharel e formação de Psicóloga, pela Universidade Metodista de São Paulo (UMESP). Pós-graduação em Recursos Humanos pela UNIFAI. Trabalho em consultoria, desenvolvendo e ministrando aulas, para adolescentes, sobre o mercado de trabalho; treinamento e desenvolvimento para educação corporativa; recrutamento, seleção e treinamento em empresas; palestrante em empresas pela SIPAT, elaborando programas de qualidade de vida e eventos de promoção à saúde, direcionados à necessidade de cada empresa. Atuação em escolas, apresentando possibilidades sobre mercado de trabalho e orientação profissional para pais e adolescentes.

Contatos
monisaueiapsicologia@gmail.com
Instagram: moni.saueia.psi
11 98082 9663

Mônica Saueia

Você já ouviu, quando era criança: "Só não esquece a cabeça porque está grudada no pescoço!".
Terrível, não é? Ninguém merece!
Ouvir uma, duas, três vezes... Lá para a frente, isso vai impactar em como a criança se vê e que não dará conta sozinha.

Uma criança se torna confiante quando é encorajada em seus mínimos acertos e ao perceber equilíbrio mediante falas e acontecimentos.

Certa vez, ouvi um relato: "Eu sempre me esquecia onde tinha guardado as coisas, parecia no mundo da lua. Mandavam-me buscar e eu não achava. E ouvia: "Só não esquece a cabeça porque está grudada". Na escola, perguntavam-me o que você esqueceu hoje? E lá vinha aquela mesma fala. A lição, ah... esqueci de fazer. O trabalho eu fiz, só que esqueci em casa. Uma vez minha mãe combinou que eu voltaria da escola com minha amiguinha e a mãe dela. Cheguei toda faceira em casa, tranquila, fazendo minhas coisas. Eis que toca a campainha e era a mãe da minha amiga, assustada, branca como uma cera e com a voz trêmula disse para minha mãe: "Eu não achei sua filha na escola até agora". Tomei bronca, né?! "Você veio sozinha! Esqueceu? Só não esquece a cabeça porque está grudada!".

E o que passa pela cabeça de uma criança pequena quando ouve: "Só não esquece a cabeça, porque tá grudada no pescoço".

— Xi, e se desgrudar? Será que pode? Será que eu perco a cabeça mesmo?

— Como assim? Grudada no pescoço? Será que eu sou remendado?

Vem um cuidador (pai, avó, tio) e diz: "Esqueceu outra vez. Já cansei de falar, tudo tenho que te avisar!".

— Meu Deus! Por que as coisas somem? Tem algum espírito brincando comigo? Uma vez disseram que podia ser... Será?

— Sempre esqueço as coisas, e todos ficam bravos. Acho que o problema sou eu mesmo.

Alguém diz: "Não dê nada na mão dela, que ela esquece!

— Ah, já sei. Vou fazer gracinha, rir com eles; assim eles vão gostar de mim, vou agradar, e ninguém mais vai brigar.

Quem nunca esqueceu nada?

Um dia ela ouve lá da cozinha: "Xi, esqueci a panela no fogo, queimei o arroz!".

A primeira coisa que a criança pensa: "Por que ninguém disse para ela 'só não esquece a cabeça porque está grudada!'?". Decerto, a dela não deve estar "grudada". Então, só a minha deve estar. Credo, sou esquisito".

Assim que passa na cabeça dela. Como se sentirá segura para fazer suas tarefinhas?

O que a criança precisa é saber que vai contar sempre com o amor e a aceitação dos cuidadores. Sempre! Precisa sentir-se segura para errar e aprender. E tudo bem.

Você já esqueceu coisas, datas, onde colocou as chaves do carro, contas a pagar, onde estacionou o carro no shopping? Mais de uma vez, creio.

Mas quando percebemos que precisamos de ajuda?

Algumas palavras ou frases parecem botões de *start*, que são acionadas e passamos a agir como crianças inseguras. Percebemos que, em algumas situações, nosso modo de pensar e sentir nos remetem a memórias distantes, lá da infância, nem sabíamos que essas tais lembranças tão desagradáveis estavam lá.

De repente, passamos a nos sentir igualzinho, como naquela época. Já aconteceu com você?

Ouvi outros relatos, tais como:

"Parei de trabalhar no instante que meu chefe me disse: 'Só não esquece a cabeça porque está grudada'. Na hora, faltou o ar. Eu me lembrei do meu avô quando me falava isso, eu não gostava. Por algum motivo isso me causou crise de ansiedade. Foi tenso, uma das piores crises. Bizarro, me leva para algum lugar que eu não quero ir, como se esbarrasse em uma coisa que não quero ver e minha mente repele o que ecoa em mim."

Então, surgem em nossos consultórios essas demandas, pedindo o alívio das crises de ansiedade, de sensações de fracasso, vergonha, inadequação, uma "mistureba" de sentimentos que nem sabemos de onde surgiram e atrelamos ao estresse da atualidade.

Estou dizendo que as nossas vulnerabilidades de hoje podem ter iniciado em nossa história lá atrás, pelas situações vividas, pelas experiências que tivemos, nas quais formamos comportamentos funcionais e disfuncionais. Desenvolvemos muitas vezes pensamentos que nos atrapalham e nunca questionamos se são verdadeiros. São nossas "crenças disfuncionais".

Essas crenças foram instauradas ao longo da nossa vida, pelas experiências recorrentes, as quais geraram algum sentimento de falta, pode ser de amor, segurança ou validação. É preciso olhar para elas, senti-las, contestá-las e ressignificá-las.

"Ah! Mas é difícil. Não dá mesmo! Sempre foi assim... Ah, eu nunca precisei dessas bobagens". São algumas frases que já ouvi.

Esses corações que acolhemos em nosso consultório com muito respeito, e caminhamos, não só para a frente, mas principalmente para trás; sim, em busca da infância e adolescência. Buscando informações na sua linha do tempo, na volta da estrada, tal e qual "João e Maria" na história das migalhas para achar o caminho de volta para casa, em busca do sofrimento que acreditam que devem manter porque traz a sensação de "familiaridade".

Percebemos nas falas, nos gestos, na fisionomia, no tom de voz, no colorido da escuta que, de repente, fica cinza, mostrando o quanto é difícil.

Às vezes, a própria pessoa se encarrega de trazer conteúdos, mas de maneira engraçada, para ficar leve. Ela se desvalida, ri de si e considera normal. Desqualifica-se, limita-se, encaixa-se, culpa-se, condena-se, aprisiona-se...

Dar voz de fala para que ela ouça o que nunca pôde dizer é o início para o entendimento de que há uma voz calada há tempos. Antes vinha de fora (da voz de pessoas com poder de mando). Hoje, ela mesma diz as coisas que a faziam calar.

No caso da criança mais distraída, vale a pena verificar se há algum indício de déficit atencional ou dificuldade de memória. Pode haver a possibilidade de ela ter um TDAH, como no relato da pessoa no início do capítulo.

Se já é adulto e é diagnosticado com TDAH, pode se dar conta de que não era "cabeça de vento", era um transtorno neurobiológico.

Ensinar com mais amor é o caminho. Por isso, é importante tratarmos as pessoas com respeito e amorosidade, independentemente das dificuldades que tenham em encontrar as coisas delas. Se tem TDAH, temos que entender que o outro não tem o funcionamento do cérebro igual ao nosso. Dessa forma, ao tratá-lo com carinho e respeito, evitamos que nosso filho sofra, tenha mais traumas, que se sinta defectivo, com baixa autoestima.

Ele não precisava ter ouvido as coisas dessa forma, podia ter aprendido a se esforçar, a se organizar melhor pelo amor, pelo exemplo dos adultos, por fazer as coisas em um caminho mais amoroso, não julgador e rotulador. Porque isso faz que a criança acredite que ela só não perde a cabeça porque está grudada no pescoço. Uma frase aparentemente inofensiva, ela toma como verdade e se sente insuficiente. E não é verdade, não; essa pessoa é suficiente e boa do jeito que ela é!

Segundo a Dra. Ana Beatriz (2003), pessoas com TDAH têm forte tendência à dispersão, à dificuldade em manterem-se concentradas em algo, por menor tempo que seja, distraem-se, perdem objetos, atrasam-se, esquecem o que iam dizer, têm tendência ao desespero, baixa autoestima.

A criança ouve como verdade tudo o que os adultos falam. Eles são seus heróis. Se ela não recebe amor, por exemplo, pensa que não merece amor. Ela vai, então, encontrar uma maneira de sobreviver a isso. Fica quietinha para não incomodar ou vai impor atenção com agressividade ou outra alternativa. Menos a de que ela merece sim ser amada. Ela pode sufocar parte de si para atender às expectativas que os outros têm.

Portanto, ao ouvir quaisquer frases deste livro ou outras tantas que o valha, dentro dessa fala tem uma criança escondendo uma dor que não pode ser vista; portanto, não foi acolhida. Se ela fosse "adulta", diria:

— Com criança não se brinca, viu!

— Criança é coisa séria!

— Com criança não tem "historinha pra boi dormir"!

— Não é "não foi nada", porque foi sim!

— Por quê? Não é "porque sim". É porque dói!

Só que os adultos somos nós! Que sejamos carinhosamente atentos às necessidades do outro, acolhendo e oferecendo nosso afeto, nossa compreensão e nossa aceitação. Não importa a idade que tenha, todos carecemos de respeito. E, principalmente, de uma fala mais amorosa.

Referências

SIEGEL, D. J.; BRYSON, T. P. *O cérebro da criança: 12 estratégias revolucionárias para nutrir a mente em desenvolvimento do seu filho e ajudar sua família a prosperar.* São Paulo: nVersos, 2015.

SILVA, A. B. *Mentes inquietas.* São Paulo: Gente, 2003.

20

O QUE OS OUTROS VÃO PENSAR?

Já se percebeu buscando no olhar do outro aprovação para suas escolhas? Costuma ter dificuldade em dizer "não" para evitar desagradar? Se fizer escolhas, o que os outros vão pensar? Parece bobagem, mas situações assim são mais comuns do que se imagina. Querer agradar é normal, o problema acontece quando essa busca externa limita nossas decisões e torna nosso mundo pequeno, desconectando-nos de quem somos. Vamos refletir, juntos, sobre o tema.

PAULA RAPOSO VALENTE

Paula Raposo Valente

Engenheira civil de formação, apaixonada por pessoas e suas relações, atuou por 20 anos em gestão de pessoas. Mãe da Malu e do JP, dois adolescentes que a levaram a estudar a maternidade a fundo. Hoje, trabalha orientando famílias, educadores e cuidadores, que buscam relações de respeito e equilíbrio com suas crianças. *Master practitioner* em Programação Neurolinguística, formada em Orientação e Aconselhamento Parental, Inteligência Emocional e Social, Disciplina Positiva, Luto Infantil e graduanda em Psicologia. Palestrante, faz atendimentos individuais, ministra rodas de conversa e grupos de pais.

Contatos
paula.valente@icloud.com
Instagram: @paularvalente
11 99320 0762

A menina linda, simpática e tagarela, aos seis, já sabia usar seu charme para encantar os adultos, aprendeu cedo como agradar.

Foi a primeira de três irmãos, o exemplo e orgulho da casa, "que menina mais bonitinha, tão boazinha", diziam os adultos, os pais sorriam de orelha a orelha, cheios de orgulho.

Mas bastava um deslize para escutar ao pé do ouvido: "Pare já com isso, o que os outros vão pensar?".

Sem entender, olhava à sua volta, conferia o ambiente e, ao se deparar com o olhar de crítica dos demais, a menina parava.

Descobriu que chorar por desejar algo fora de hora era motivo para o famoso "está todo mundo olhando, o que os outros vão pensar?". Mais uma vez conferia em volta, pareciam mesmo estar olhando, e parava o choro.

Roupa curta demais, pintar o cabelo, correr no restaurante, andar descalça, brigar com os irmãos, não dividir o brinquedo, sair com roupa amassada... "O que os outros vão pensar?". Seu mundo foi ficando estreito e limitado.

Entendeu que suas vontades eram bobas, pequenas, talvez até equivocadas; entendeu que não sabia escolher e deixou de desejar, ou pelo menos, foi assim que imaginou ser correto.

A cada olhar de julgamento se sentia menor, inadequada, "se pedir isso, não vão mais gostar de mim", e foi aprendendo que o melhor era fazer o que imaginava ser esperado dela. Era mais fácil, esboçava sorrisos e trazia elogios que confirmavam estar no caminho certo. Por outro lado, quando contrariava e tinha as próprias ideias e vontades, via aquele olhar cheio de julgamento e crítica, e a conhecida frase em sua mente "o que os outros vão pensar", que lhe doía e confundia tanto.

Com o tempo, já nem precisava mais do lembrete, ela mesma se via imaginando o que estariam pensando de si. Será que a roupa estava adequada? Podia dançar daquele jeito? Já era grande para entrar na brincadeira? A espontaneidade deixou de existir e deu lugar à preocupação em agradar. Para se sentir amada e aceita, ela precisava da aprovação dos outros, foi se especializando mais e mais a cada dia.

Com o tempo, passou a buscar no olhar do outro como deveria agir, a hora certa de parar, e até a hora certa de iniciar alguma coisa. Por vezes não entendia bem esse olhar e, na dúvida, sequer começava, tinha medo de arriscar sua posição de filha preferida, perdia o *timing* e ficava só no desejo.

Com o tempo, já não sabia mais desejar, estava sempre lendo o outro para saber o que deveria escolher, que roupa vestir, o que queria comer e o que poderia falar.

Com o tempo, o medo do julgamento, da crítica e de não se sentir amada como ela mesma, ganhou tanto peso que passou a ditar seu caminho. Escolhiam por ela, falavam por ela, e a boa menina seguia sorrindo e obedecendo a todos.

Perdeu-se de si mesma quando aprendeu a agradar.

A menina cresceu e, desde que aprendeu como ler a vontade do outro, a vida ficou fácil, bastava escolher o esperado para ser aceita em qualquer meio.

Na adolescência, bem que tentou se rebelar, mas bastou um episódio típico da idade para que o peso da crítica ameaçasse seu lugar na família, e a voz interna do que pensavam dela falou mais alto; calou-se e voltou ao seu lugar seguro das escolhas previsíveis.

Até que virou adulta, escolheu a profissão certa, o casamento certo, a casa certa, e teve os próprios filhos. A filha boazinha e que não dava trabalho buscou ser a esposa e mãe perfeitas; afinal, o que pensariam dela se fosse menos que isso?

A dificuldade em dizer "não" tornou-se sua melhor amiga. Dizer "não" seria o mesmo que desagradar alguém, boas meninas não fazem isso, pouco importava sua vontade.

A culpa também estava sempre por perto. Não acertava sempre e, nessa hora, o medo de desagradar trazia a insegurança, a vergonha, o ressentimento, o arrependimento de não ter sido capaz de atender a todos e, principalmente, a tal da culpa.

Sentia-se incompleta, parecia haver um vazio constante que nada era capaz de preencher. Nunca era boa o suficiente e, mesmo adulta, seguia tentando agradar o mundo.

Assim como a menina, toda criança tem a necessidade de aprovação, deseja ser vista e amada, ter atenção, sentir-se pertencente e reconhecida no ambiente familiar; afinal, somos seres sociais e precisamos dessa interação com o outro.

Quando existe o sentimento de falta de atenção, a mente pode desenvolver uma carência excessiva, fazendo que a criança busque meios para sobreviver a essa ameaça, como, por exemplo, aprender a agradar para se sentir reconhecida e amada, levando esse comportamento para a vida adulta.

Isso acontece com todas as crianças? Não, os irmãos da menina tiveram a mesma frase presente em suas vidas, e não teve efeito algum. Crianças de uma mesma família, ainda que criadas nas mesmas condições e ambiente, não vivem as mesmas experiências.

A ordem de nascimento, por exemplo, influencia a maneira como a criança vive o ambiente familiar. A menina viveu a experiência de conquistar a atenção exclusiva dos pais, enquanto os irmãos já chegaram num ambiente diferente, em que foi preciso compartilhar essa atenção, trazendo diferença nas leituras que fazem das situações experienciadas.

Outro fator importante a considerar é o desenvolvimento da autorregulação, que ocorre por volta dos dois e três anos, e pode ser definido como o controle de seu próprio comportamento para se conformar às exigências ou às expectativas do cuidador, mesmo quando ele não está presente (PAPALIA & MORTORREL, 2022). A criança pequena interpreta as reações emocionais dos pais diante de seu comportamento e percebe aquelas que são aprovadas ou não. Uma vez processada e armazenada essa informação, a criança passa a agir com base nela e, por possuir o forte desejo de agradar, decide fazer o que eles querem ainda que não estejam presentes.

É na infância que começamos a construir nossa autoestima e nossos primeiros traços de personalidade, pela observação de atitudes, hábitos, preferências e até mesmo das falas no núcleo familiar. Nesse contexto, as experiências afetivas vividas com os pais têm uma grande influência. O excesso de preocupação com o olhar do outro limita as ações e escolhas da criança, impede o natural desenvolvimento do autoconceito que tem sobre si.

Os pais educam a criança da maneira que acreditam ser correta. A intenção e a preocupação de que seus filhos percebam e saibam interpretar o meio em que vivem, bem como ler o outro, tem seu lado positivo, quanto ao desejo de que apresentem um comportamento saudável, aceito em qualquer ambiente e, com isso, sejam amados. É um meio de cuidar e proteger, uma tentativa de poupá-los de dores e desilusões, preparando-os para a vida adulta. Muitas vezes é a forma que os pais encontram para defender a criança da rejeição nos meios sociais, talvez até mesmo evitando frustrações vividas na própria história.

Preocupar-se com o que o outro pensa pode parecer banal, mas também tem sua importância, como, por exemplo, é preciso saber ler o ambiente de trabalho para subir na carreira, perceber o companheiro para ter um bom relacionamento, saber quando estamos desagradando para cuidar e rever a nossa forma de agir, não para se encaixar no desejo do outro, mas para respeitar o outro e se relacionar melhor, quando esse for o nosso desejo.

O problema vem com o excesso de preocupação, quando nos limita e impede as próprias escolhas, baseando nossas escolhas pessoais e profissionais exclusivamente na vontade do outro ou na pressão social. Quando nos perdemos de nós mesmos, para atender ao mundo externo.

Esse desejo excessivo de agradar pode levar ao desenvolvimento de questões emocionais importantes, como quadros de estresse, ansiedade, depressão e distúrbios alimentares.

É preciso se voltar para dentro a fim de se reencontrar. É preciso coragem para se conhecer e perceber que essa é uma luta sem fim.

É preciso descobrir por si só o óbvio, que agradar a todos é impossível e, em muitos momentos da vida, seremos criticados ou vão discordar de nós; e isso faz parte, está tudo bem. É fundamental aprender a receber críticas e oposições de maneira madura e construtiva.

É preciso aprender a dizer "não" quando o pedido desagrada ou lhe custa muito. Nossa vida nesses tempos é corrida e se torna inviável atender a todos, obrigando-nos a fazer escolhas, que podem contrariar e desagradar o outro, e isso não nos torna uma má pessoa ou é sinal de pouco afeto, é apenas uma escolha.

A menina adulta precisou reaprender a olhar para si, para voltar a se amar e ser feliz.

21

NÃO FALA, PARA NÃO INCOMODAR. SERÁ?

Será que o aprendizado comum "não fala, para não incomodar" tem alguma contraindicação? Quais? Mas e se falar realmente for incômodo e o outro não gostar? E se houver caminhos para falar e, ao mesmo tempo, mitigar o risco de o outro se incomodar e aumentar as chances de um diálogo construtivo? Este capítulo mostra que um desses caminhos é pela comunicação não violenta.

RAYLLA PEREIRA DE ANDRADE

Raylla Pereira de Andrade

Psicóloga clínica, mediadora, mentora e facilitadora de CNV e autocompaixão. Psicóloga pela USP, pós-graduada em RH pela FIA-USP, mediadora de conflitos e aprendiz de comunicação não Violenta por meio de diversos cursos nacionais e internacionais. Trabalhou 10 anos em empresas e, em 2015, deixou sua posição de gerente de RH para se tornar facilitadora de CNV e viver a maternidade de suas duas filhas, alinhado a seus valores. Professora de CNV em MBAs da USP/ESALQ, da FIA/USP, do Hospital Einstein, da pós-graduação em Educação Parental e Inteligência Emocional da Academia Parent Brasil, do curso de Educação Neuroconsciente etc. Cocriadora do programa Conversas Regenerativas, que leva CNV para ambientes de trabalho; professora treinada do programa de Mindfulness e Autocompaixão (MSC, criado por Kristin Neff e Chris Germer – Universidade de San Diego/EUA). Atua em diversas organizações como autônoma ou associada a consultorias, como Diálogos Corajosos, CoCriar, Pacto, Oipé e Teya. Como psicóloga, atende especialmente casais, de modo on-line ou presencial, em São Paulo.

Contatos
rayllaandrade2@gmail.com
Instagram: @raylla.p.andrade
LinkedIn: linkedin.com/in/rayllap/
11 97153 0082

Era uma vez uma menina chamada Raio de Luz e, desde muito cedo, ela escutava de alguns adultos no seu entorno algo como: "Não fala nada sobre isso, para não incomodar". Era comum isso acontecer, por exemplo, no Dia dos Pais. Ela se sentia triste por não conhecer seu pai, e sua avó lhe dizia: "Não fala nada para sua mãe, para ela não ficar triste". Raio de luz, então, se calava e chorava escondido.

Também acontecia quando não gostava de alguma comida na casa de amigos da mãe. Sua mãe, na melhor das intenções, lhe dizia: "Não fala nada, para não ficarem tristes. Come rápido, bebe algo com a comida e finge que está tudo bem". E ela, então, comia quietinha e, depois, sentia muita raiva de tudo e de todos.

Depois de várias situações semelhantes, Raio de Luz aprendeu que era melhor se omitir para se proteger de inconvenientes e começou a engolir vários sapos nas interações com as pessoas. Mas logo ela também aprendeu que esse caminho tinha um custo alto para si e gerava até mal-estar físico, como coceira nervosa, estresse, irritabilidade e desconexão do outro e de si.

Então, por vezes, tentava fazer algo diferente e acabava cuspindo marimbondo, ou seja, escorregava para uma fala dura, crítica, apontando o que estava errado com o outro. Isso fazia que fosse percebida como grosseira e agressiva. Apesar de se sentir melhor temporariamente, depois achava esse caminho ruim e se arrependia do que tinha falado e do impacto disso na relação com o outro.

Um dia, ela resolveu aprender mais profundamente sobre o tema da comunicação humana, especialmente pela comunicação não violenta (CNV). Descobriu que tinha um caminho mais saudável para expressar o que era importante para ela e, ainda assim, cuidar da relação com o outro. Viu, com gratidão, a importância de levar em consideração o outro – como sua mãe e outros adultos a haviam ensinado a fazer. E, ao mesmo tempo, foi muito libertador aprender a expressar sua verdade, coisa que seus educadores não lhe ensinaram porque, provavelmente, também não haviam aprendido.

Agora, já adulta e no papel de educadora de duas filhas, ela tem a alegria de poder compartilhar tais aprendizados com mais pessoas e, com isso, fortalecer uma cultura de mais diálogos, sem sapos nem marimbondos.

Então, o que é a CNV?

A CNV foi idealizada pelo psicólogo Marshall Rosenberg (2006), nos anos 1960. A partir da filosofia da não violência e de outros saberes, ele desenvolveu uma abordagem que nos ajuda a ver nossa humanidade compartilhada e a descobrir a profundidade de nossa natureza compassiva. Essa abordagem nos oferece ferramentas concretas que nos habilitam a honrar nossos valores e necessidades, aumentando as chances de os diálogos serem autênticos e, ao mesmo tempo, empáticos. Com isso, a CNV nutre a possibilidade de criarmos um mundo que funcione para todos, ou seja, com autorrespeito e respeito ao outro.

Essa abordagem contém quatro elementos centrais ou convites, que podem ser aprendidos e praticados por qualquer pessoa:

1. Distinguir observações/fatos/o que realmente aconteceu de julgamentos/avaliações/interpretações/rótulos/diagnósticos/filtros mentais/realidade não compartilhada.
2. Perceber, nomear e acolher os sentimentos que estão vivos na situação vivenciada e se autorresponsabilizar por eles, distinguindo isso de culpabilizar o outro pelos próprios sentimentos.
3. Identificar a necessidade humana subjacente, como liberdade, amor, confiança e cuidado e distingui-la de estratégia/aquilo que eu desejaria na camada do comportamento específico/alguma preferência da qual não estou querendo ou conseguindo me desapegar.
4. Distinguir pedido/aquele ato corajoso de contar ao outro o que enriqueceria nossa vida de exigência/aquele apego ao comportamento específico que espero do outro para atender à minha necessidade a partir de um paradigma de escassez, em que não estou disposto a receber o "não" do outro por não vislumbrar outras estratégias ou por interpretar como rejeição a mim, sem me dar conta de que não é pessoal e é apenas o "sim" do outro para alguma necessidade dele.

Você aceitaria tais convites para se expressar autenticamente, fazendo uso consciente desses quatro elementos em suas interações e, assim, diminuindo o engolir sapos ou cuspir marimbondos?

E você aceitaria o convite para treinar seu olhar a fim de ver esses elementos na expressão do outro, acolhendo-o com empatia, mesmo quando ele se comunica com julgamentos, culpabilização e exigências?

Se sim, a seguir, algumas dicas que podem favorecer esse caminho.

Autocuidado

Talvez seja mesmo o ponto inicial para se ter condição de oferecer algo ao outro, pois, afinal, como oferecer o que não se tem? Então, vale se perguntar sempre que possível:

Como estou nesse momento?
Como me sinto agora?
Do que estou precisando agora para me sentir melhor?
O que tenho real condição de oferecer ao outro nesse momento? Como posso estar com ele e apoiá-lo em suas necessidades, sem descuidar de mim?

E depois dessa conexão interna e autoconsciência, o convite é fazer escolhas mais conscientes de como estar com o outro e, talvez, até me expressar de modo autêntico. Por exemplo, dizendo: "Agora percebo que estou exausta e precisando descansar um pouco antes de brincar com você"; "neste jogo, ficarei mais quieta, pois estou com dor de garganta e quero cuidar da minha saúde".

Acolher sentimentos e necessidades, colocando limites na camada das estratégias – amor com firmeza

A dica aqui é se recordar da diferença fundamental entre necessidades e estratégias, pois o convite da CNV é acolher/validar/enxergar/legitimar/compreender os sentimentos e suas causas, as necessidades, ainda que haja discordância na camada das estratégias, dos comportamentos específicos adotados por alguém. Ou seja, empatizar mesmo quando discordar para entrar em diálogo. Especialmente com crianças, isso é ainda mais fundamental, pois não adianta esperar que elas escutem os adultos se nem mesmo nós, muitas vezes, podemos escutá-las antes de querermos que elas nos escutem.

Comumente, em seus atendimentos e cursos, a Raio de Luz ouve educadores dizerem: "Aconteceu tal coisa entre mim e meu educando e o que mais me entristece é que ele não me entende, eu só queria o bem dele". Então, ela os convida para refletir: "e você o entende e conhece as intenções mais profundas dele por trás desse comportamento, ou está querendo que ele lhe ofereça empatia sem perceber que ele também pode estar querendo exatamente isso para se conectar com você e se abrir a um diálogo real?". Como esperar que as crianças nos ofereçam algo que não receberam de nós, e que, provavelmente, não viram sendo modelado por ninguém?

Muitos educadores acreditam que terão de ceder se mostrarem que compreenderam e, se esse for seu caso, está tudo bem. Que você possa, temporariamente, suspender essa crença e testar o que acontece se aceitar o convite acima, que, na prática, poderia se manifestar em diálogos mais ou menos assim:

"Querido, me parece que você ficou bem frustrado quando eu disse que não poderá comer o chocolate agora, pois imagino que queria muito ter esse prazer de comer algo de que gosta tanto. É isso? Eu também gosto muito de comer coisas gostosas e, ao mesmo tempo, valorizo bastante nossa saúde e bem-estar. Por isso, quero que deixe para comer o chocolate depois de almoçar. Assim, nosso corpo fica feliz E saudável" (a letra "e" em maiúscula é, porque, às vezes, é possível conciliar).

"Querido, me parece que você ficou bem bravo com o Pedro quando ele pegou seu lápis sem te pedir e aí você queria bater nele para mostrar sua raiva. Foi assim? Pois eu imagino que você queira respeito com suas coisas e que os outros só peguem coisas suas quando você deixar. É isso? É, realmente é bem importante esse respeito com nossas coisas e quero te apoiar a mostrar para o Pedro como você se sentiu. Ao mesmo tempo, também acho bem importante respeitarmos o corpo das outras pessoas e não batermos nelas. Por isso, eu segurei seu braço para você não bater nele e conversarmos antes. Como você acha que pode mostrar para ele como se sentiu sem ser batendo? Quer meu apoio para conversar com ele?" (nesse caso, é possível conciliar as necessidades, colocando limites para as estratégias e mostrando alternativas mais saudáveis).

Evitar rotular a criança/adolescente e enxergar um ser humano

Muitas vezes, de modo inconsciente, olhamos para as crianças ou adolescentes por meio das lentes de algum rótulo, tal como bonzinho, bagunceiro, mimado, obediente, desobediente, rebelde, inteligente ou mesmo "criança" e "adolescente", sem nos darmos conta de que ali tem um ser humano com os mesmos sentimentos e necessidades que qualquer outro, apesar de suas características únicas e, por vezes, próprias da fase de desenvolvimento. Ao se sentir frustrado, por exemplo, um adulto pode deixar de responder a uma mensagem que recebeu, um adolescente pode ficar horas trancado no quarto e uma criança pode se jogar no chão, gritar e chorar em alto e bom som. Ou será que procuramos dialogar com o adulto e, em relação à criança e ao adolescente, dizemos a nós mesmos: "Ah, isso é só uma birra de criança, deixa pra lá"; ou também "Ah, os adolescentes são rebeldes mesmo; quando ele for adulto, vai parar com essas bobeiras".

Então, fica aqui o convite para estarmos cada vez mais conscientes do quanto esses rótulos, mesmo os chamados "positivos", como inteligente e bom aluno, podem estar aprisionando as pessoas numa caixinha estática, enviesando nossas interpretações, desconectando-nos do outro e impedindo nossa conexão profunda com o que se apresenta no aqui e agora da relação.

Atenção às violências normalizadas e até estimuladas socialmente

Ao ler este título, talvez pareça que estou falando das tais "palmadinhas só para educar", mas as violências contra os outros humanos, especialmente crianças e adolescentes, vão muito além do castigo físico e das violências visíveis e/ou estruturais, como fome, desigualdade social, pobreza, preconceitos e outros, compondo uma longa lista de comportamentos que, muitas vezes, passam despercebidos. Por exemplo:

- Criticar, diretamente e/ou para terceiros. Por exemplo: "Você/ele é ruim para comer mesmo, só quer doce!".
- Ridicularizar. Por exemplo: "Todo esse mimimi só porque estragou seu brinquedo?".
- Ignorar ou menosprezar os sentimentos. Por exemplo: "Aff, todo esse sofrimento só porque não ganhou a boneca; queria ver se tivesse os meus problemas".
- Contar umas mentirinhas. Por exemplo: "a picadinha não vai doer".
- Comparar. Por exemplo: "Sua irmã não é fresca para comer como você".
- Desqualificar. Por exemplo: "Também, quem te disse que essa faculdade era pra você, você precisa se enxergar".
- Aconselhar sem empatizar antes. Por exemplo: "Se eu fosse você, deixava essa amiguinha de lado e nunca mais falava com ela".
- Consolar sem empatizar. Por exemplo: "Essa menina era uma boba e não merecia você; vem cá, vamos comer um chocolate delicioso e esquecer disso".
- Começar a contar como era no seu tempo e não empatizar. Por exemplo: "Ah, você está reclamando de limpar seu quarto; e na minha época, que tínhamos que colocar lenha no fogão e cozinhar desde a adolescência?".
- Culpar/acusar. Por exemplo: "Tá vendo, é claro que você não foi bem na prova; você só ficava no videogame e é mesmo um preguiçoso para estudar".
- Ameaçar/chantagear.
- Usar de sarcasmo.
- Fazer profecia autorrealizadora. Por exemplo: "se você não consertar sua postura, ninguém vai gostar de você mesmo".
- Explicar logicamente no momento em que o outro precisa é de escuta e acolhimento. Por exemplo: "você caiu porque o chão estava molhado e você veio descalço e blá blá blá".
- Dar apelidos, por vezes, depreciativos.

Os pontos de reticência no final foram colocados para indicar que ainda há muito mais violências "invisíveis". Fica o convite para mais consciência e transformação delas, tanto em âmbito individual quanto coletivo. E para irmos caminhando de um modelo de educação autoritário, em que o educador impõe seu poder sobre o outro (em geral, visto como inferior), para uma educação mais humanizada e compassiva, em que o educador compartilha seu poder com o outro e cocria com ele. Embora ciente das diferenças de responsabilidade e maturidade, refletir sobre a pergunta abaixo pode trazer mais clareza sobre as escolhas conscientes de comportamento que desejamos adotar para que estejam alinhadas com nossos valores: "Eu faria exatamente assim se fosse com meu melhor amigo, da mesma idade que a minha?", "E se há diferenças, elas se devem apenas a alguma adequação por conta da idade/maturidade do educando ou da responsabilidade parental, ou deixam a desejar em termos de respeito e consideração com o outro?". Afinal, as necessidades humanas são compartilhadas por todos os seres humanos e merecem ser tratadas com cuidado por meio de bons diálogos externos e internos, o que, felizmente, pode ser aprendido a qualquer idade, como a Raio de Luz tem aprendido ao lado de tantas outras pessoas. E você também pode se juntar, se quiser.

Referência

ROSENBERG, M. *Comunicação não violenta: técnicas para aprimorar relacionamentos pessoais e profissionais.* São Paulo: Ágora, 2006.

22

PRECISO GRITAR PARA VOCÊ ME OUVIR?

Você já se viu em momentos de desespero, quando seu coração se encontra dividido entre o amor incondicional por um filho e a ocupação das inúmeras demandas do cotidiano? Neste capítulo, convido você para mergulhar em uma viagem íntima e corajosa em busca de desvendar os fios invisíveis que tecem a teia do comportamento materno.

RENATA OLIVEIRA

Renata Oliveira

Formada em Pedagogia, atua como coordenadora pedagógica há 14 anos, pós-graduada em Inspeção Escolar e Psicopedagogia Clínica e Institucional. Atualmente, vivencia uma jornada repleta de emoções, aprendizados e transformações ao lado de seu filho Lucas Emanuel.

Contatos
renataapoliveira.pt@gmail.com
Instagram: @renata.oliveirapt
32 98413 7145

Renata Oliveira

O convite para uma viagem de lembranças

Querido leitor! Quero convidá-lo para uma viagem de trem. Um convite inusitado, não é? Mas, "como boa mineira que sou", não poderia propor outro passeio. Ao embarcar, as paisagens do passado se mesclarão harmoniosamente com as emoções do presente. Comprar o bilhete de embarque é uma "escolha". Pronto para prosseguir? Então, tome o seu lugar e ouça o apito que anuncia a partida. Seu coração palpita com o balanço e, à medida que o trem serpenteia por entre as montanhas, você começa a perceber que a paisagem pela janela é repleta de lagos cristalinos. Aos poucos, o barulho externo vai sendo silenciado e uma conexão profunda entre o seu interior e a paisagem ativa o sentir.

Na primeira curva, algumas imagens começam a se compor no lago. Já é possível perceber a figura de uma mãe no quarto embalando o filho. Ela está exausta, ansiosa por um momento de descanso, mas todas as vezes que deita a criança sobre a cama um choro lhe perturba os ouvidos. No auge de sua frustração, a mãe grita e exige que a criança fique quieta. O filho sente medo, chora e se assusta com a atitude da mãe. Ela, já com lágrimas escorrendo pelo rosto, sente o impacto da sua reação explosiva e uma sensação de culpa começa a consumi-la. A mãe abraça a criança expressando arrependimento e jura a si mesma que isso não irá se repetir. Que tal se conectar com a dor dessa mãe e acolhê-la com leveza e ternura? No ápice de seu esgotamento emocional, ela optou pelo grito para ser ouvida.

Confortavelmente sentada, você prossegue com os olhos fixos no horizonte, o apito ressoa pelas montanhas e o trem desbrava terras desconhecidas. Uma segunda curva se aproxima e, nas águas do próximo lago, imagens começam a se interligar como um quebra-cabeça. Havia algo familiar naquela cena. Sim, a mãe e o filho! Você os olhava com mais intimidade. Eles estavam em uma sala, a mãe brincava com o filho enquanto aguardava o esposo chegar do trabalho. Já era tarde, ela desejava um banho quente após um dia intenso. Tantas tarefas cumpridas e todas as vezes que consultava o relógio era sufocada pela sensação de não ter tempo para si, de não existir. No ímpeto de cuidar de si mesma, ela liga a televisão e coloca o filho para assistir ao desenho favorito. Ele já havia crescido, estava com dois aninhos e ainda se sentia inseguro nos momentos em que a mãe não lhe fazia companhia. Ela elabora um plano ousado de tomar banho enquanto a televisão divertia a criança. Tudo parecia caminhar bem, ela já sentia a água aquecida lhe trazer a sensação de relaxamento, quando a porta se abre e o filho desesperadamente começa a chorar e gritar pela mãe. Ela abre o boxe, fracassa ao tentar acalmá-lo e, mais uma vez, sobrecarregada em sua rotina materna, ordena ao filho que interrompa o choro gritando enlouquecidamente. O corpinho dele agora estava trêmulo, suspiros escapavam ao olhar para a mãe. Ela interrompe o banho, uma batalha interna a sequestra por alguns instantes e, mais uma vez, abraça o filho demoradamente enquanto a raiva de si mesma e o arrependimento lhe feriam o coração. Talvez você possa correr ao encontro dessa mãe, abraçá-la e lhe dizer que enxerga sua dor.

Com os olhos marejados de lágrimas, você desvia o olhar da janela e sente o balanço do trem. Uma tempestade de emoções agita o seu coração e, ainda sem compreender o que está acontecendo, outro apito anuncia a chegada da terceira curva. Ao finalizá-la, é possível notar que o próximo lago se arrepiava com uma chuva fina e, nas pequenas rugas molhadas, surge uma nova cena. A criança havia crescido ainda mais, era uma manhã comum de sábado e ela brincava alegremente no quintal, desbravando toda a magia que esse espaço lhe oferece. A mãe cuidava dos afazeres domésticos na tentativa de dar conta das tarefas acumuladas durante a semana. Sua mente lhe trazia a imagem de uma escrava, e seu comportamento começou a ser compatível com o de uma prisioneira cumprindo uma listagem de obrigações. O filho interrompe a brincadeira, saltitando entra em casa, vai até o banheiro e lava as mãozinhas sujas de terra. A mãe vai ao encontro da criança e se depara com a pia suja e o porta-sabonete desenhado com dedinhos marrons. Ela não acreditava, havia realizado a limpeza daquele espaço e teria que fazê-la novamente. Sentiu vontade de chorar, mas não o fez e novamente explodiu em gritos. Acuado, o filho se encostou na parede e encolheu o corpo, assustado. A única frase que escapuliu dos lábios foi: "Mamãe, meu coração bate muito forte quando você grita comigo". Os pensamentos implodiam em sua mente, ela só queria ser ouvida, ter o seu trabalho valorizado e seu esforço reconhecido. Tomada por uma sensação de fracasso, a mãe se questiona internamente sobre o motivo de não conseguir reagir de uma forma diferente. Há uma mistura de frustração, cansaço, impotência, raiva, fracasso, medo e solidão. O trem continua em movimento, suas mãos seguram firme a janela.

    Quando você se dá conta, o trem vai se aproximando de um velho salgueiro inclinado sobre o lago. Ele resmunga baixinho que todos os lagos refletem seus olhos. Ainda confuso, uma nova cena começa a se formar. Aos poucos, vai surgindo uma menininha linda, espontânea e cheia de energia. Ela sorria, dançava e vivia sua liberdade. Essa menininha era a mãe que gritava com o filho em todos os lagos que ficaram para trás. A cena lhe trazia a casa em que ela passou sua infância. A sala pequena, o cheirinho de café, os brinquedos favoritos espalhados pelo chão. De repente, a mãe entra, visivelmente estressada e irritada, explodia em raiva gritando para que ela guardasse todos os brinquedos e dizia "eu não sou sua escrava". Ah! Os gritos, eles assustavam! Os olhos da menina se encheram de lágrimas, ela se encolheu e começou a pensar que sempre fazia tudo errado. Enquanto observa essa cena, provavelmente você olha para essa mãe com amor e começa a compreender que ela reproduzia, de modo inconsciente, comportamentos, atitudes ou padrões de criação que foram experimentados na própria infância.

Ao se desconectar dessa cena, sente que o trem vai diminuindo o ritmo. Sem compreender o motivo, continua olhando, reflexivo, pela janela. A lua, em seu aspecto majestoso, iluminava aquela noite. Havia mais um lago, e a cena que se apresentava mostrava os aspectos negativos da repetição de padrão. O filho, agora jovem, estava sozinho no quarto. Pela expressão em seu rosto, ele sentia a baixa estima internalizada, o sentimento de inadequação, a ansiedade e o medo de quem está sempre em estado de alerta. Sentia também a dificuldade em expressar emoções e lidar com conflitos de maneira construtiva, além do sentimento de culpa por acreditar que sempre era a causa dos problemas. Que tal você olhar, afetuosamente, nos olhos desse jovem e acolhê-lo com gentileza e compaixão?

A viagem está chegando ao fim. O trem está se aproximando da plataforma. Você desembarca, com uma bagagem interna que não possuía antes, valorizando o autoconhecimento como ferramenta necessária para compreender os próprios comportamentos, emoções e crenças. Caro leitor, o que você diria para aquela mãe do lago eu não posso imaginar. Mas durante a viagem, eu também estava com vocês e pude "sentir com" vocês. O grito pode até trazer a falsa impressão de que somos ouvidos pelos nossos filhos, mas na verdade ele diz muito mais sobre as feridas que estão dentro de nós do que sobre o comportamento das crianças. É possível sim fazer escolhas mais conscientes e intencionais na forma de maternar.

Enfim, essas escolhas permeiam a jornada da parentalidade e definem se ela será repleta de experiências negativas ou momentos preciosos, os quais se transformarão em memórias que aquecem o coração.

Referência

ABRAHÃO, T. *Pais que evoluem: um novo olhar para a infância*. 2. ed. São Paulo: Literare Books International, 2021.

23

QUANDO TIVER SUA CASA, VOCÊ FAZ DO SEU JEITO

Palavras têm poder e, dependendo do modo como são ditas, podem construir ou abalar a autoestima. É como uma flecha lançada que não volta ao ponto de partida. Frases ditas em momentos de raiva podem negligenciar as necessidades dos filhos e não abastecer o senso de pertencimento, tão importante para o desenvolvimento.

TALITA CIPRIANI COELHO

Talita Cipriani Coelho

Mãe da Marina e da Antônia. Psicóloga clínica, atuando no atendimento de adolescentes, adultos e orientação de famílias. Especialista em desenvolvimento e comportamento do adolescente, trabalhando, há 14 anos, com desenvolvimento humano. Educadora parental pela PDA (USA). *Coach* parental pela The Parent Coaching Academy (UK), *master coach* pela Sociedade Brasileira de Coaching, e *teen coach* pela Parent Coaching Brasil. Instrutora em Programação Neurolinguística, pelo American Board of Neuro-Linguistic Programming (USA) e certificação internacional como especialista em Inteligência Emocional. Idealizadora do programa Adolescência Descomplicada, que visa ajudar pais na missão desafiadora de educar o adolescente. Idealizadora de projetos em habilidades socioemocionais para escolas e treinamentos para professores. Atua com supervisão de educadores parentais há seis anos, além de realizar palestras, oficinas, cursos e *workshops* para adolescentes, pais e educadores.

Contatos
tatacipriani@gmail.com
Instagram: @tatacipriani
11 99992 7073

Muitas pessoas já ouviram dos pais a frase: "Quando tiver sua casa, você faz do seu jeito", principalmente no período da adolescência.
Essa frase abre margem para diversos questionamentos no adolescente.
"Se essa não é minha casa, onde é?".
"Se eu não sou membro pertencente desse lar, onde pertenço?".
"Se eu também moro aqui, por que não posso contribuir com sugestões sobre novas maneiras de fazer as coisas?".
"Não sou bem-vindo neste lar, não tenho lugar de fala. As pessoas não me escutam".
Esses são apenas alguns exemplos, cada indivíduo fará a própria interpretação, baseando-se em sentimentos, percepções e experiência de vida. O que é importante que os pais compreendam é como essa frase ecoa na vida dos filhos, podendo trazer impactos psicológicos como a diminuição da autoestima, da autoconfiança e no senso de pertencimento e importância.
De acordo com a Teoria da Motivação Humana de Maslow (1943), os seres humanos possuem cinco categorias de necessidades, hierarquizadas em forma de pirâmide. Na base da pirâmide, encontram-se as necessidades fisiológicas. Em seguida, temos as necessidades de segurança. No meio da pirâmide, estão as necessidades sociais, seguidas pelas necessidades de status-estima e, no topo da pirâmide, encontram-se as necessidades de autorrealização. As duas primeiras classes de necessidades

da pirâmide são conhecidas como necessidades primárias; já as demais são as necessidades secundárias.

Para Baumeister e Leary (1995), nós, seres humanos, temos dentro da escala de necessidades sociais a necessidade de pertencer (*need to belong*) a um grupo. Essa necessidade de pertencimento é o que impulsiona os indivíduos a buscarem por relações sociais de maneira profunda e positiva. A necessidade de pertencer a um grupo está associada ao sentimento de aceitação, permitindo que os indivíduos fortaleçam laços previamente estabelecidos, além de aumentar a conexão e o senso de importância do sujeito.

Um indivíduo que não tem sua necessidade de pertencimento suprida pode se tornar menos apto a conviver no meio social e apresentar maior disposição para transtornos de ansiedade e isolamento social, além de não desenvolver plenamente suas habilidades de socialização e apresentar disfunções em sua saúde física e cognitiva na vida adulta. A busca por pertencimento influencia no modo como o indivíduo se enxerga e se comporta no meio social. Na maioria das vezes, o indivíduo que não se sente pertencente ao grupo ou família tende a adotar comportamentos que vão contra sua personalidade e valores, com o intuito de evitar a rejeição, ou seja, seus comportamentos buscam apenas agradar o outro para se sentir pertencente e aceito pelo grupo, abrindo mão da própria subjetividade, o que resulta em uma diminuição da autoestima e da autopercepção (BAUMEISTER & LEARY, 1995).

Para que os pais possam promover uma vida saudável e satisfatória para o filho que ainda está em fase de desenvolvimento fisiológico, emocional e cognitivo, é importante fazer com que ele se sinta pertencente ao grupo familiar, visto que, durante a adolescência, o indivíduo passa por um processo de individuação, ou seja, de busca pela própria identidade. As mudanças que ocorrem durante essa fase da vida não acontecem apenas no corpo, mas também no cérebro e no comportamento do sujeito. No decorrer do processo de individuação, é normal que o adolescente se afaste dos pais e se aproxime mais dos amigos, pois está buscando por identificação junto aos pares. Por isso, é importante que os pais tenham uma postura acolhedora para que o adolescente não se isole e se distancie ainda mais da família.

Regularmente, quando os pais assumem uma postura como "essa é minha casa e aqui você não opina", o adolescente se fecha ainda mais, não procurando pelos pais em momentos difíceis e problemáticos, por medo de ser julgado e não se sentir aceito. Entende-se que os pais como provedores estão no topo da hierarquia da relação familiar e, com isso, são detentores do parecer final nas decisões familiares. No entanto, será que o filho não pode contribuir trazendo ideias para solucionar algumas questões ou trazendo novos pontos de vista? Se um dos propósitos da educação é preparar os filhos para a vida adulta, o ideal seria que os pais adotassem uma postura mais amigável, aproveitando as oportunidades que surgem na rotina para desenvolver habilidades socioemocionais nos filhos.

Para Siegel (2016), a fase da adolescência é o período de maior intensidade criativa na vida de um indivíduo. De acordo com o autor, a exploração criativa é uma das quatro qualidades da mente adolescente, e a capacidade criativa da mente é vital para dar sentido à vida; caso contrário, somos sucumbidos pela rotina e passamos a viver a vida de maneira mecânica e sem sentido.

Se a capacidade criativa da adolescência não for motivada e explorada com perspicácia, o indivíduo poderá perder essa habilidade na vida adulta, pois, durante o período da adolescência, novas conexões neurais estão sendo estabelecidas. Em contrapartida, as redes neurais não usadas são descartadas, esse processo cognitivo é chamado de poda neural. Devido às novas conexões que o cérebro estabelece, se o adolescente não faz uso de sua capacidade criativa, ela será descartada à medida que amadurece.

A melhor maneira de explorar a capacidade criativa da mente adolescente é proporcionar um ambiente em que o indivíduo se sinta acolhido e livre para trazer novas sugestões diante dos problemas enfrentados. A criatividade da mente permite que o adolescente enxergue as coisas "fora da caixa", de maneira simples e objetiva. Diferentemente dos adultos, os adolescentes apoiam-se em seus ideais de mudanças sociais e conseguem ver uma saída em situações em que muitas vezes o adulto acredita não haver uma saída, pois está emocionalmente envolvido com o problema e já possui uma maneira sistematizada de resolver as coisas, além de possuir muitas crenças que definem percepções e comportamentos.

Quando o adolescente tem a oportunidade de dialogar com a família, compartilhando pensamentos e sugestões, ele não apenas fortalece as novas conexões neurais, como também seu senso de pertencimento, sua confiança nos genitores e tem a oportunidade de desenvolver habilidades como solução de problemas e tomada de decisão. Caso os pais optem por manter um comportamento hostil, afirmando que a casa não é do adolescente e, portanto, ele não tem lugar de fala, ele pode se sentir vulnerável e buscar pelo senso de pertencimento fora de casa, no grupo de amigos. Um dos pontos negativos que essa atitude pode acarretar é a crise de identidade; como mencionado anteriormente, por não ter a oportunidade de construir sua identidade em um ambiente seguro, o indivíduo passa a agradar os outros para suprir suas necessidades sociais, ou seja, de pertencimento e aceitação.

Ao se colocar em tal posição de vulnerabilidade, o indivíduo compromete o restante da pirâmide de necessidades, pois, ao não suprir uma das necessidades que se encontra na base, não é possível suprir as necessidades do topo, que são as necessidades de status-estima e as necessidades de autorrealização. Possivelmente, esse indivíduo terá problemas como insegurança, insatisfação, baixa autoestima, além de uma expressiva perda de direção e propósito na vida, duvidando excessivamente de sua capacidade de realizar algo significativo na vida adulta.

Como os pais podem agir:

- Dê abertura para o filho expressar preocupações e sentimentos no ambiente familiar.
- Acolha e valide os sentimentos do filho.
- Ouça o filho no sentido de compreender e não pensando em gerar uma resposta.
- Quando o filho compartilhar opinião ou ideia, diga que irá levá-la em consideração quando fizer suas ponderações.
- Procure compreender as necessidades que estão escondidas por trás do que o filho diz e faz. Pergunte-se: "O que meu filho está realmente buscando com esse comportamento?".
- Certifique-se, pelas suas ações, de que o filho se sente aceito e é importante para você.
- Certifique-se de que o filho sabe que pode contar com você em momentos de necessidade.
- Inclua o filho nas decisões familiares para que possa desenvolver habilidades como tomada de decisão e solução de problemas.
- Busque aumentar o nível de autoconhecimento do filho, isso ajuda a elevar a autoestima do adolescente.

Referências

BAUMEISTER, R. F.; LEARY, M. R. The need to belong: Desire for interpersonal attachments as a fundamental human motivation. *Psychological Bulletin*, 117(3), 497-529. doi: 10.1037/0033-2909.117.3.497. London: Sage, 1995.

DEWALL, C. N.; BAUMEISTER, R. F. Alone but feeling no pain: Effects of social exclusion on physical pain tolerance and pain threshold, affective forecasting, and interpersonal empathy. *Journal of personality and social psychology*, 91(1). doi: 10.1037/0022-3514.91.1.1. Missouri, 2006.

HAWKLEY, L. C.; CACIOPPO, J. T. Loneliness matters: A theoretical and empirical review of consequences and mechanisms. *Annals of Behavioral Medicine*, 40(2), 218-227. doi: 10.1007/ s12160-010-9210-8. Oxford University, 2010.

MASLOW, A. H. *A theory of human motivation*. 1943. Disponível em: <psychclassics.yorku.ca/Maslow/motivation.htm>. Acesso em: 06 jun. 2023.

PAPALIA, D. E.; FELDMAN, R. D. *Desenvolvimento humano*. Porto Alegre: AMGH, 2013.

SIEGEL, D. J. *Cérebro adolescente: a coragem e a criatividade da mente dos 12 aos 24 anos*. São Paulo: nVersos, 2016.

24

XIU! ENGOLE ESSE CHORO!

Gerações atrás de gerações acreditaram que, para sermos fortes, tínhamos que reprimir nossos sentimentos julgados ruins, como a tristeza, a raiva, a frustração... Crianças até hoje ouvem frases do tipo "não foi nada", "fica quieto", "não é pra tanto", "já passou", e o clássico "engole o choro". Esta é a minha história.

THELMA NASCIMENTO

Thelma Nascimento

Mentora de parto e maternidade, entrega um material completo e bilíngue, exterminando a barreira da linguagem para as famílias. Pós-graduanda em Saúde Mental & Neurociência, em breve, agregará consultoria de saúde integrativa do sono infantil aos serviços prestados. A educação é uma constante em sua vida e, hoje, entende o porquê sua carreira passou por um caminho curvilíneo até chegar aqui. Começou pela faculdade de Ciências Biológicas e da Saúde e tornou-se professora de inglês, atuando por mais de 10 anos. Mudou-se para a Austrália com o marido e, logo, aumentaram a família. Sua experiência com a gravidez e o parto a levou para a assistência social, descobrindo a neurociência e o desenvolvimento infantil. Sua paixão pelo ser humano e o reino mamífero uniu-se com sua vontade de criar filhos mais saudáveis e ajudar outras mães e cuidadoras a fazerem o mesmo. Seu marido, Otávio, e seus filhos, Leo e Ian, são suas eternas inspirações.

Contatos
thelmanascimento.com
contato@thelmanascimento.com
Instagram: @athelmanascimento

Tenho 32 anos, sou esposa e mãe, mas na maior parte do tempo me sinto uma criança. Estou deitada em posição fetal no chão do meu banheiro, com uma dor tão insuportável no meu coração que eu começo a arranhar meu peito todo, quem sabe eu não consiga arrancar meu coração fora e a dor pare? As lágrimas saem, mas eu tento de tudo para empurrá-las de volta. A respiração acontece com muito sufoco. Depois de algumas horas (ou seriam minutos?), meu marido me encontra, fala alguma coisa que eu não ouço, e de dentro da minha garganta vem um "SAI DAQUI!" e, quando ele faz o que eu mandei, começo a chorar mais ainda. Por que mandei-o me deixar sozinha, quando o que eu mais queria era que ele me abraçasse? Meu desespero é imensurável, e começo a fantasiar como seria se eu sofresse um acidente e tivesse que ser internada no hospital. Quem ficaria lá comigo? Chorariam por mim? Eu receberia amor, carinho e atenção?

Episódios assim aconteceram incontáveis vezes durante minha vida. A verdade é que eu não me lembro quando e como foi a primeira vez, muito menos o porquê eles aconteceram. Mas, finalmente, com 33 anos, eu fui obrigada a começar a olhar para dentro de mim mesma e trazer à tona a minha criança interior para, juntas, descobrirmos a raiz do problema. Eu precisava me curar para criar meus filhos como eu acreditava ser o certo e não como eu fui criada.

Apanhei e não morri

Eu não tenho muitas lembranças do meu dia a dia durante a minha infância, lembro-me mais das minhas férias com meus primos, nas quais eu me sentia um peixe fora d'água. Enquanto meu irmão e minhas primas brincavam como crianças saudáveis, correndo, explorando o espaço, usando imaginação e criatividade, eu era a menina quietinha, que não tomava espaço, que não fazia barulho, gostava de brincar sozinha. Minhas primas tiravam sarro de mim e me chamavam de "do contra" porque eu nunca queria brincar como elas queriam. A triste realidade é que eu preferia ficar na minha outra avó, já que os únicos netos éramos eu e meu irmão. Assim, ficávamos cada um para um lado e eu podia ficar quieta, sozinha.

E foi nessa solidão que eu cheguei à adolescência. Até meus 11 anos, eu tinha apenas uma amiga que, assim como eu, se sentia um peixe fora d'água numa escola gigante com um monte de alunos completamente diferentes de nós. Éramos eu e ela contra o resto do mundo.

Até hoje eu não entendo muito como isso aconteceu, mas ao mudar para um prédio aos 11 anos e logo depois mudar para uma escola menor, eu fiz amizade com algumas crianças "populares". Ser a única Thelma na escola também me fez ser um pouco mais conhecida, mas meu jeitinho nunca mudou, eu continuava sendo muito introspectiva, sempre a "psicóloga do grupo", nunca a paciente. Eu cresci acreditando que precisava resolver os meus problemas sozinha, que se abrir com as pessoas e pedir ajuda era sinal de fraqueza. E eu tinha que ser forte. A mais forte. A melhor. A melhor filha, a melhor aluna, a melhor amiga, a melhor namorada, a melhor esposa, a melhor mãe. Que pesado, né? Meu corpo não aguentava, claro, e tive tantos problemas médicos que brincava dizendo que eu ia doar meu corpo para uma universidade para ser estudado. Porque eu era revirada do avesso por diversos especialistas médicos, mas ninguém conseguia explicar o porquê eu não respirava, sentia dores no corpo inteiro, tinha crises de tontura e apareciam tantas manchas vermelhas no meu couro cabeludo, atrás das minhas orelhas e cotovelos, que coçavam absurdamente. Fui examinada por diferentes especialistas médicos, mas só fui ter minha primeira sessão de terapia depois de adulta.

O caminho para o autoconhecimento foi extremamente longo e árduo, mas a Thelma de hoje agradece todos os dias àquela menina com tantas feridas pela coragem dela, assim como a não desistência. Mergulhei em livros e cursos e comecei a entender o que era aquele incômodo dentro do meu estômago: era minha voz interior tentando gritar mais alto do que as vozes na minha cabeça, aquelas vozes que me falavam constantemente que eu era fraca, que eu era estranha, diferente de todo mundo.

Estudar desenvolvimento humano na faculdade quando o meu primogênito estava com dois anos me levou a uma autorreflexão tão profunda que cheguei a ser diagnosticada com transtorno de adaptação, transtorno compulsivo-obsessivo e ansiedade. Eu passei mais de um ano tendo flashes da minha infância, revendo experiências com outra visão e ressignificando conversas; ao mesmo tempo que fui (re)encontrando minha própria essência e intuição. Meu cérebro ficava o tempo todo trabalhando, trazendo meus traumas à tona, não me deixando dormir e me fazendo estudar tudo sobre parentalidade positiva, educação respeitosa, comunicação não violenta, criação neurocompatível etc. Durante essa época, senti muita solidão, tristeza, ansiedade, preocupação extrema, falta de prazer na vida... Eu não conseguia enxergar uma luz no fim do túnel. Acredito que o que me manteve viva foi a minha constante preocupação em como meu filho seria criado, e que somente eu seguiria a ciência, respeitando o seu neurodesenvolvimento.

Alice Miller (1980) escreveu um livro incrível chamado *For Your Own Good* (Para o seu próprio bem, em tradução literal), no qual ela diz que a criança consegue superar as consequências sérias de experiências ruins e injustiças pelas quais ela passa somente se conseguir defender-se, expressando seus sentimentos. Se a criança não conseguir reagir porque os pais não toleram suas reações, como choro, tristeza, raiva, e demonstram isso com o uso de olhadas específicas ou outros métodos pedagógicos, a criança aprenderá a ser silenciosa. Esse silêncio demonstra que os métodos pedagógicos utilizados são efetivos, mas também um sinal perigoso apontando para um desenvolvimento patológico no futuro. A ciência mostra que neuroses são resultados da repressão, e não do evento em si. Enquanto um joelho ralado ou uma bronca dos pais por ter quebrado um prato sejam vistos como algo pequeno para os adultos, para a criança pode não ser tão pequeno assim. Quando sua reação é vista como uma "tempestade em copo d'água", os adultos podem começar a podar essas emoções, com frases como: "Não precisa chorar", "Já passou", "Não é pra tanto assim", "Engole esse choro" etc., silenciando essa criança e o que ela está sentindo. Estão vendo como algo visto como pequeno para os adultos pode se tornar gigante na vida das crianças?

Quando fui diagnosticada com transtorno de adaptação, estava passando por um estresse muito grande com a minha família, e toda essa experiência de autorreflexão que passei levou à bomba de sentimentos e emoções dentro de mim explodir de uma forma injusta e desproporcional. De acordo com Bessel van der Kolk (2014), no livro *The Body Keeps the Score* (O corpo guarda as marcas), os hormônios do estresse em pessoas traumatizadas demoram mais tempo para retornar aos níveis normais, atingem um pico mais rápido e desproporcionalmente em resposta a um estímulo estressante mediano. Eu acabei jogando todos os meus traumas em cima da minha família de uma só vez e, para eles, aparentemente "do nada".

Engolir os sentimentos não é sinal de força. Somos vítimas de uma sociedade doente que acredita que chorar é fraqueza.

Vemos em todos os lugares pessoas se desculpando ao se emocionarem, como se chorar fosse uma ofensa. Ao longo da história, as crianças foram sendo separadas de seus cuidadores, perdendo a conexão e os adultos passaram a não seguir mais suas intuições. Fomos calando nossas crianças, que se tornaram adultos que só aprenderam a esconder seus sentimentos. Quando um amigo começa a chorar, nós o abraçamos, mostramos empatia, mas quando uma criança chora, ela é recebida com braveza. Crianças interiores feridas e traumatizadas vêm à tona quando não conseguimos ouvir o choro dos nossos filhos, o choro nos incomoda. Esse incômodo não é porque não aguentamos ver nossos filhos passando por uma dor, é um incômodo de irritação mesmo. Não é engolindo os sentimentos que desenvolvemos resiliência. As crianças desenvolvem resiliência ao sentirem-se seguras de que terão um cuidador sempre por perto quando precisarem.

Como disse anteriormente, foi extremamente longo e árduo, mas ter enfrentado esse caminho foi essencial para eu chegar aonde estou hoje. Foi necessário muita autocompaixão, escrita, estudo e terapia para que conseguisse chegar ao outro lado, um lado maravilhoso onde me conheço, sei quais são minhas crenças e valores, sei ouvir minha intuição e, acima de tudo, sou feliz por ser quem eu sou.

Referências

MILLER, A. *For Your Own Good*. 4. ed. Frankfurt am Main: Surhkamp Verlag, 1980.

VAN DER KOLK, B. *The Body Keeps the Score*. United States: Viking Penguin, 2014.

25

CADÊ A MÃE DESSA CRIANÇA?

A sociedade insiste em objetivar a mãe como a principal cuidadora dos filhos; os pais, muitas vezes, são colocados como meros ajudantes. Neste texto, apresento um paradoxo social: onde está o pai nessa relação? Cada vez mais, questionamos a participação paterna, mas estamos prontos para receber esse pai cuidador? A narração a seguir retrata o cenário da necessidade de evolução do prisma masculino cuidador.

TON KOHLER

Ton Kohler

Ton Kohler é publicitário, influenciador digital, palestrante e escritor. Atuou em grandes indústrias com marketing e estratégias de negócios por mais de 25 anos. Atualmente, deixou a carreira coorporativa para dedicar-se exclusivamente a projetos de parentalidade, livros e palestras, influenciando pessoas pelas redes sociais. Movimento que começou após perder a esposa e assumir integralmente a tarefa de cuidar sozinho dos filhos Pedro e Mariana que, na época, tinham três e um ano, respectivamente. Ton encontrou, na paternidade solo, uma oportunidade de transformar famílias pela consciência da equidade parental e de gênero. Teve sua história contada em diversos canais televisivos e em diversos programas sobre parentalidade e saúde emocional. Já dividiu o palco com grandes personalidades, possui inúmeros vídeos e textos que viralizaram, além de ser *TEDx speaker*. Embora esteja envolvido com inúmeros projetos, Ton comenta que seu principal objetivo de vida são seus filhos.

Contatos
www.papaiemdobro.com.br
contato@papaiemdobro.com.br
41 99607 0929

Ton Kohler

De repente, uma criança vem correndo e fura a fila de um brinquedo entrando na frente de todas as outras pessoas. Outra, com o nariz escorrendo, começa a bater com um objeto na parede fazendo um barulho estrondoso, gerando muito incômodo. Uma terceira, no shopping, correndo entre as mesas, acaba se chocando com uma adolescente que olhava o celular e todo o refrigerante cai no chão.

Todas essas situações nos fazem ecoar mentalmente a pergunta: "Cadê a mãe dessa criança?".

É surreal e surpreendente, mas nós não temos o costume de questionar: "Onde está o pai dessa criança?". A figura materna é sempre questionada quando vemos uma criança em uma situação de um comportamento desadequado, uma situação de perigo ou qualquer outra que questiona a presença dos responsáveis; a mãe é a primeira a ser cobrada.

Peguei-me nessa mesma postura assistindo a um episódio do desenho animado *Masha e o Urso*. A garotinha sai de casa sozinha, atravessa uma floresta, passa por uma dupla de lobos e por várias situações de risco para chegar à casa de um urso pardo, seu amigo. Por lá, faz a maior bagunça e volta à noite para casa, atravessando a floresta novamente e correndo inúmeros riscos. Internamente, pergunto: cadê a mãe da Masha? Em português, usaríamos: cadê a mãe de Maria? Masha, na Rússia, país de origem do desenho, seria como Maria por aqui, pois trata-se de um nome russo muito popular. Desde o primeiro episódio, eu ficava questionando: essa personagem não tem mãe?

Conversei com meus filhos dizendo que o desenho animado era muito divertido, mas nas nossas vidas parecia estranho uma garotinha tão pequena fazer tanta coisa sem a presença dos pais.

Fiquei pensando e tentando entender por que nossa primeira reação é perguntar pela mãe. A resposta é praticamente óbvia. Por séculos, entendemos que as principais cuidadoras dos filhos são as mães. Uma criança bem ou malvestida, bem ou "mal" comportada, será mérito ou culpa da mãe. Mas, para mim, um dia a ficha caiu!

Quando nos tornamos pais, é sabido que não estaremos prontos nem temos bagagem suficiente para enfrentar tudo que virá pela frente. Porém, para algumas famílias, assim como a minha, posso dizer que o desafio de enfrentamento ficou ainda mais difícil e surpreendente. Vou narrar a minha história rapidamente aqui para você.

Em 2018, quando meu filho Pedro tinha três anos e minha filha Mariana havia recém-completado um ano, a mãe das crianças foi a um treino de muay thai e acabou não voltando mais. Ela sofreu uma parada cardíaca fulminante e a vida da nossa família mudou completamente.

Acredite que, por mais dura que possa ser essa história, as crianças e eu conseguimos seguir bem, somos muito felizes e seguimos como ela gostaria que seguíssemos, alegres e felizes.

Ao mesmo tempo, o fato de eu me tornar viúvo e pai solo mudou muito a maneira como eu enxergava a paternidade, a criação de filhos e a parentalidade em geral. Passei a compreender muito mais a realidade enfrentada pelas mães e comecei a atuar profissionalmente pela equidade parental e de gênero. Enfim, nossa jornada como família fora do padrão nos trouxe muitos ensinamentos e abertura de consciência.

A partir desse entendimento, o "Cadê a mãe dessa criança?" ganha mais um sentido que eu não esperava nem sabia que havia, estou falando de certo mito sobre incapacidade paterna.

Eu ouvia esta pergunta rotineiramente quando eles eram menores; quando chegava a um buffet infantil com os dois no colo; quando ia para o hospital por conta de alguma emergência; em restaurantes, nas lojas de roupas etc.

Quando tudo aconteceu, eles eram de colo. Ela, a Mariana, sempre foi muito apegada a mim; o irmão, à mãe. Com a partida da minha esposa, eles buscavam sentir-se mais seguros e queriam sempre estar grudados no meu peito, enrolados nos braços, abraçados às minhas pernas e era muito comum me ver andando com os dois no colo. Ainda bem que tinha saúde para dar esse colo duplo.

Apesar de os desafios de gerenciar as emoções do luto deles e o meu, não imaginava viver na pele o preconceito de uma tal incapacidade masculina de cuidar de duas crianças sozinho. Na verdade, eu nem sabia que isso existia.

"Ton, você tem que se casar logo para dar uma mãe para essas crianças?". "Ton por que você não deixa um filho com cada avó para cuidar da sua carreira?". Essas e outras perguntas inconvenientes apareciam sem mais nem menos. No começo, eu achava que estava fazendo algo errado; só depois de alguns meses, fui entender que a sociedade foi culturalmente programada a não aceitar um homem cuidador, um homem que cozinha, lava, passa e trabalha fora.

"Um homem jovem não merece viver assim", disse uma senhora numa festinha infantil dos amiguinhos da escola. Como se cuidar dos próprios filhos fosse um fardo pesado demais para um homem carregar, mas para uma mulher, ok!

Somos muito felizes embora tenhamos vivido um momento difícil. Geralmente, eu recebo alguns elogios pelo pai e homem que me tornei, porém, acredito que meu único mérito foi não deixar a peteca cair e conduzir essa fase com felicidade para que as crianças fossem minimamente impactadas.

Ao mesmo tempo, estudei tanto para transformar essa dor em algo bom, fui a fundo em conceitos de educação infantil, como lidar com traumas, fiz diversos cursos, certifiquei-me como educador parental, mergulhei numa porção de livros sobre educação respeitosa; até em uma formação em psicanálise eu me aventurei. Enfim, a transformação necessita de conhecimento, não é?

Vê-los correndo, brincando, levando uma vida normal e sem grandes traumas, é um orgulho do tamanho do mundo. Foram madrugadas chorando sozinho, são anos, dias e horas assistindo aos sentimentos se dissolverem e à vida encontrando brechas para desabrochar. E assim vem sendo.

Por outro lado, não consegui ficar apenas ouvindo essas vozes perdidas sobre a incapacidade masculina; fui para a internet, postei textos e vídeos falando sobre a sobrecarga que as mulheres enfrentam, a tal da carga mental que judia e adoece mães.

Falei em como nós, homens, somos relapsos com a compreensão desse mundo do cuidado, mostrando a importância de ser participativo, que nenhuma roupa vai parar no guarda-roupa sozinha, nem as vacinas no sangue das crianças, as agendas com os médicos e que não basta cumprir com a obrigação financeira e entregar um celular ou tablet para o filho.

Fiz palestras para milhares de pessoas a fim de que tenham uma vida em casal mais plena, sem a necessidade de passar por uma experiência como a minha. Fiz mentorias e cursos para mães e pais a fim de entenderem o quanto, antropologicamente, temos comportamentos padrões que interferem na felicidade familiar e na educação dos filhos.

"Cadê o pai dessas crianças?" pode ser também uma realidade, uma nova consciência de equilibrar responsabilidades sob os cuidados com os filhos e as tarefas domésticas.

Ton Kohler

As mães das próximas gerações talvez ainda sejam a maioria como as principais cuidadoras, mas, felizmente, caminhamos, mesmo que lentamente, para um caminho mais equitativo das responsabilidades com os filhos.

Cada vez mais vejo pais nas reuniões da escola e na consulta médica, e o mais interessante: sem a presença das mães. Rodas de masculinidades e paternidades estão mais comuns, os pais têm descoberto o prazer de saber quanto o filho calça e se há alguma vacina para dar. Mesmo que lentamente, nós, homens, estamos nos tornando cada vez mais bons cuidadores. Esse caminho não tem volta e, no futuro, nossos filhos viverão em condições mais equitativas.

O pai dessas crianças está aqui e por aí também, mas nada vai mudar se não tivermos conversas corajosas sobre o desdobramento da forma como fomos educados e queremos educar.

Devemos refletir sobre o que recebemos e o que iremos passar, uma vez que a internet, telas, tecnologias e formas de pensar mudaram o mundo rapidamente. Questões como só um tapinha não faz mal a ninguém, apanhei e não morri, entre outras, parecem não nos servir mais. Educar pelo medo, sem acolher sentimentos que as crianças estão pouco preparadas para nos contar, a mim parece um erro ou uma justificativa que as pessoas usam por não conseguirem se autorregular.

O amor dá trabalho e que ninguém precise se tornar um pai solo e viúvo para enxergar que esse é um dos trabalhos mais fantásticos que teremos em nossas vidas, sem falar que o tempo é cruel e não devolve o que perdemos por estar ao lado das pessoas.